大展好書　好書大展

品嘗好書　冠群可期

宏扬太极精神

发展健身事业

洪昭光

二〇一一年六月廿四

混元拳入境
无求艺自高

陈耀庭
二〇二〇年四月

发掘太极拳术宝藏
弘扬中华传统文化

刘金印题

傳承中華武術
參悟太極之道

二〇一一年五月四日孙遠仙

孫德明簡介

孫德明，1924年生，天津寶坻人。7歲在寶坻跟宮樂亭村的商寶善（號稱京東第一武術名家）學習楊少侯傳授的小架太極拳。1940年商寶善因抗日被日本人所害，致使傳授中輟。孫德明從此步入自修，但從未間斷小架太極拳的習練。1953年他進京工作，更加緊了功夫的追求和迫切地尋師訪友，在此期間曾向武術名家馬清藻學過形意拳。

1960年拜在一代名師崔毅士門下，學習楊澄甫的大架太極拳及推手功夫，直到崔老辭世。從藝十餘年，他勤學苦練，堅持不渝，深得崔氏推手功夫的內涵和老師厚愛。

1978年再拜原北京市武術協會副主席、一代名師汪永泉爲師，成爲楊派太極拳入室弟子，主要學習楊健侯傳授的中架太極拳及楊家家傳的推手功夫。經過精心研習和不斷努力，孫德明成爲汪氏第二期入門弟子中的佼佼者。

經過名師的傳授和歷練，他功法全面，集楊式太極拳「大架」「中架」「小架」套路和太極刀、太極劍於一身，推手獨到，功夫深厚，技藝精湛，深得楊式太極拳的眞髓。

他一生別無他好，幾十年如一日，專心研究太極拳，堅持練拳授拳，孜孜不倦，以拳誨人爲樂，從學者衆多，而且不取報酬、不辭辛苦、毫不保守，使後學者受益頗豐。

現八十多歲高齡的他，身體康健，神完氣足，終日以太極拳和學生爲伴。人品正直、道德高尚、武技純眞，爲後人效習之榜樣。

 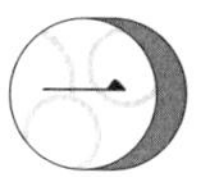

太極拳是廣大群衆喜聞樂見的優秀的傳統體育項目，國家體育部門早在20世紀50年代就將太極拳列爲武術比賽項目，也是全民健身運動中最重要、最受歡迎的運動項目之一。

太極拳在我國有著悠久的歷史，像其他拳種一樣流傳至今已分有很多流派，現在社會上看到的大致分爲陳、楊、吳、武、孫、李等式。現今在國家體育總局領導下，在各級武術協會的組織和推動下，以習練24式簡化太極拳的人最多。

早在20世紀50年代，爲了便於推廣，國家體委組織有關專家和傳人以楊式太極拳爲基礎，綜合了其他太極拳的優點，創編了24式太極拳套路。在毛主席提出「發展體育運動，增強人民體質」的方針指引下，全國掀起了以練習廣播體操、工間操、課間操爲主要內容的全民健身運動，後又增加了一項具有我國民族特色的簡化24式太極拳。

經過幾十年的實踐，證明了太極拳運動對於人類的健康起到了很好的作用。爲了使廣大太極拳愛好者在鍛鍊過程中更好地瞭解和認識傳統太極拳的理論和

鍛鍊方法，進一步提高鍛鍊效果，北京市武協汪永泉太極拳研究會專門組織了一些有志於繼承先輩留下的太極拳文化和技術的老師，根據自己畢生體驗，共同研究，並在大量資料基礎上以孫德明老師爲主編著了一套《楊式太極拳大架·中架·小架系列解析》叢書，（並被列爲北京市哲學社會科學「十一五」規畫項目），這對於進一步全面繼承楊式太極拳起到重要作用，也爲楊式太極拳健康地沿著正確的理論和技術發展作出了重要貢獻。

當前恰值和諧盛世，我們有責任、有義務在推廣太極拳運動之時，更好地領會、理解傳統太極拳的理論理念和練習方法，在全面繼承傳統太極拳的基礎上進一步發展和提高現有的技術水準，而不是把練習太極拳的動作只停留在四肢運動的太極操上，以便爲太極拳架注入更加豐富的內涵。可以預見，太極武學文化深入研究的前景是光明的。

北京武協副主席、北京武術院院長　吳彬

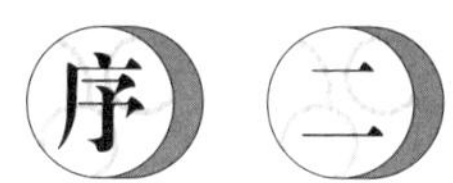

序　二

我父親汪永泉傳授楊式太極拳的一生中，從學者衆多，正式收徒的只有兩批，第一批5人，第二批6人。孫德明是第二批中早已有太極拳功底的一位。

孫德明跟隨我父親汪永泉學拳之前，曾跟隨楊澄甫的另一位弟子崔毅士學習太極拳10年。在「文革」期間，崔老師遭受迫害，孫德明未回避政治風險，仍堅持學拳並給予老師經濟上、精神上的援助。

孫德明爲人謙遜、實在，很有人緣。崔老師去世後，孫德明十分仰慕我父親的太極功夫。他態度誠懇，追求執著，於是隨同中國社會科學院齊一、王平凡等人一起於1980年成爲第二批入室弟子。現在，我父親的入門弟子中，健在且技擊內功深厚的首推孫德明了。

孫德明較好地繼承了我父親傳授的太極拳養生和技擊兩種練法，這也充分說明我父親對他做人態度、功夫根底和勤奮好學的認同與偏愛。家父在中國社會科學院教拳期間，前後有幾十人參加學拳、練拳。授課之前，大都先讓孫德明帶領大家打拳，可見家父對他的器重。

雖然孫德明早年學過其他拳術，僅太極拳就先後歷經過三位老師，但在他接觸、體驗汪傳太極拳功法後，盡心竭力地刻苦鑽研、用心領悟，對以往所學由表及裡，去僞存眞、去粗取精，使他的太極拳功夫又有了長足的進步，所以他的推手功夫帶有濃厚的汪脈風格。

而今，孫德明不顧85歲高齡，每天仍練功不輟，同時還爲傳承這一文化遺產作著不懈努力。2006年4月，在我父親去世近二十年之際，衆多汪脈傳人和拳友召開的「紀念汪永泉老師」大會，孫德明是積極的支持者，並且在大會上做了表演。「永泉太極拳研究會」成立前後他也是積極參加和全力支持。

現在，孫德明與他的學生們一起研討太極拳眞功的奧秘，擬將多年的體驗、感受與拳架練法整理成書，傳承與弘揚楊式太極拳，作爲汪永泉之子，我深感欣慰。太極拳是中華傳統文化精華的組成部分，若有更多的人喜愛、傳承、挖掘和推廣，必將能夠更好地造福於人類。

永泉太極拳研究會會長　汪仲明

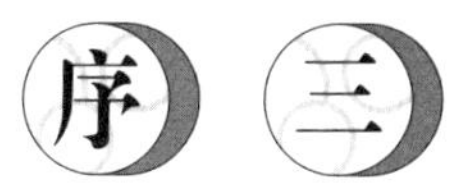

序三

孫德明老師要出書，邀我作序，我雖覺得沒資格，卻又義不容辭。

說起來，這裡還眞有小故事。1977年春，「四人幫」垮臺剛過半年，我從外地回家養病期間，重返久別多年的北京東單公園。那時，北京天橋的昔日風光已去，東單公園卻新增了一個「小天橋」的別號。外人有所不知，那意味著老天橋各種傳統把戲，滅跡之後略始復蘇，轉移到東單公園。然而我自己關注的，卻是東單固有的太極拳。有一天我因故未去晨練，次日見大家興高采烈、沸沸揚揚，議論昨日有個外地拳友以請教爲名，違反不成文的規矩，向一北京拳師暗發其勁，不料連跳帶滾直線出去十多米遠；事後勉強起身，即刻下跪要求拜師，遭到拒絕。我爲錯過這精彩的場面，深感遺憾。近三十年後才得知，當年取勝拒拜的，正是孫德明老師。

和孫老師眞的相識，已經是2006年春，地點仍是東單公園，孫老的拳場。那時，汪傳楊式太極拳幾代傳人，在汪永泉宗師故去近二十年後，用了一年時間醞釀召開紀念汪公大會。爲此廣泛聯絡汪脈拳師。我

在脈裡輩分小，短短時間裡近距離集中接觸那麼多脈中前輩，時時感到新奇與興奮。這次前往東單公園，經過汪公之子汪仲明老師的介紹與聯絡，知道大家多年來有所疏離、缺乏溝通，心裡難免忐忑。不料孫德明老師平實坦蕩、雙手擁護汪脈聯合，偕同全體學生弟子熱情歡迎大家，當場眞心交流，令人感動之餘，信心倍增。

後來證明，孫老擁護聯合絕非敷衍，他的拳場的確對大家開放；每次的重大活動，他都欣然參加；大家發言，他年邁耳背聽不清楚，仍說「聽不見我也不走，我支持」；他把自己目前最得意的三個弟子（楊瑞、馬京鋼、李貴臣）派進永泉太極研究會，足見其表裡如一。

我存有孫老沉思不語時的肖像，充分顯示其大師風範，很有分量，是非常耐看的。然日常交流中，他卻是個其貌不揚的小老頭，和藹可親，大街上遇見，你不會想到他是一位資深的武術家。而再看到他發勁時的意氣風發，又令人生起「靜如老叟動英豪」之感。

青年時代孫德明在農村，那時血氣方剛。他講：「有一次半路遇到鬼子『清鄉』要抓他。咳，上來就一個大背挎。我一想，今兒個我就死你手裡！那時我愣啊，手黑著呢，我一伸手就把他撇了。」所幸交手的日本人是個練家，敗後伸出拇指以示敬佩，把他放了。而孫老的舉止作風，至今透著永不服輸的傲骨。

孫老師顯得不愛說話，可是一旦把話匣子打開，便會滔滔不絕：老北京逸事和風土人情、武林典故、宗師的教誨、自己的人生故事、脈內師承和拳架勁路與拳理功法，用他那獨特的京腔一一道來。他總是帶人打拳，有時卻站在一旁，默默觀望學生練拳揉手；也有置身事外，如入無人之境的時候。

老人家歡迎「摸手」，來者不拒。揉手總是帶著講解啓發。每當得機得勢時，他返老還童地「嘿嘿」一笑，伴以「壞了，壞了」的口頭禪，既開心又慈祥，意思是說對方失利，要被發出去。對年輕弟子他發得又脆又遠；上了歲數的，用「問送勁」發出去，又一定拉回來，決不讓任何人受傷——爲人師表，皆在其中。他的太極拳功法，「練」字當頭，「說一千、道一萬，一句話——練」。

孫老一生別無他好，一心體悟太極拳。問他究竟爲何，答案讓你震驚，也讓你回味，「那裡頭有文章，不練不知道」。他每天打拳教拳，合起來有足足十個鐘頭。祖師「不許傳」的遺訓是個沉重的緊箍咒，曾經長期困擾過孫德明。然而孫老師越活越明白，他說：「東西一定不能帶走，絕對不能讓它失傳。」

孫老師7歲從楊式小架學起至今，「拳齡」小八十年了，受過太極拳大師崔毅士（10年）和汪永泉（10

年）的親手培養，是汪公第二期入門弟子中的佼佼者。孫老如今思想開放，又有幾十年的太極拳教齡，在學生們的幫助下，他總結經驗，著書立說，仔細歸納畢生心血之所得，要爲弘揚太極拳和中國傳統文化再作新貢獻，這是拳界一大幸事。

願孫德明老師正直的人品、高尚的道德成爲後人做人、學拳的楷模，願他的著作成爲太極拳愛好者深入探討太極拳奥秘的良師益友，也期盼全國太極拳同仁，發揚文武雙全的精神，紛紛加入挖掘、拯救、整合傳統太極拳遺產的工作，使其發揚光大。

永泉太極拳研究會秘書長　蕭維佳

於北京木樨地

前言

衆所周知，練太極拳可起到養生的作用。許多中國人特別是中老年人把打太極拳作爲養生的首選，除了太極拳普及程度高、無需特定場地和器械、鍛鍊時間彈性大等因素以外，還在於太極拳養生不僅有外壯作用，還有內壯功效。

楊譜《太極血氣根本解》說：「血爲營，氣爲衛。血流行於肉、膜、絡，氣流行於骨、筋、脈。筋甲爲骨之餘，髮、毛爲血之餘。血旺則髮毛盛，氣足則筋甲壯。故血氣之勇力，出於骨、皮、毛之外壯；氣血之體用，出於肉、筋，用之內壯。氣以血之盈虛，血以氣之消長。消長盈虛，週而復始，終身用之不能盡者矣！」太極拳適用於各種體質的人調理內部生理機制。

北京中醫藥大學王琦教授認爲：「無論是養生還是治病，中醫都要根據體質下方。目前中國人的體質主要有9種，其中比較健康的平和體質只有1種，僅占32.75%；另外8種偏頗體質占到67.25%，包括氣虛、濕熱、陰虛、氣鬱、陽虛、痰濕、淤血、特稟體質。這些體質，包括平和體質，除了注意飲食起居外，打太極拳等運動也對調養大有裨益。」

對於練技擊功夫的人來說，養生也有一個重要的作用：奠定功夫的基礎，涵養功夫的來源。在開始練功之際，人們練養生功，主要目的還在於積蓄技擊內功的資本和加強神、意、氣的基礎。因為，楊譜《太極力氣解》說：「氣走於膜、絡、筋、脈；力出於血、肉、皮、骨。故有力者皆外壯於皮骨，形也；有氣者是內壯於筋脈，象也。氣血功於內壯，血氣功於外壯。」無論想補充哪一種「壯」，必以養生為前提。甚至到了階及神明階段，更要注意養生。楊譜《懂勁先後論》說：「明也，豈可日後不慎行坐臥走，飲食溺溷之功？是所謂及中成、大成也哉！」

在這裡，明確指出了養生與技擊的關係。正因為懂勁是在對練的基礎上形成的，對練過程對身體的基本條件要求更高。可是只將注意力集中於技擊技巧，就忽略了養生的重要性，如果因此影響到健康，則是得不償失。

楊譜《大小太極解》指出：「天地為一大太極，人身為一小太極。人身為太極之體，不可不練太極之拳。本有之靈而重修之，良有以也。」

人身如機器，久不磨而生銹，生銹而氣血滯，多生流弊。故人欲鍛鍊身體者，必先練太極最相宜。

何為大架套路？大架套路與養生練法配套的原因何在？從何入手練養生功？如何能防病健身等問題，

本書進行了全面的分析、探討與詮釋。

內功的養生練法不僅可以借助拳架，而且在經絡暢通、內氣充盈和隨意調動之後，生活中的坐、立、行、臥均可習練。此氣可直接用於養生，在體內與臟器、經絡之間運動，對人的內部協調帶來的養生功效起著不可取代的積極作用。

汪永泉先師在最後十年的教授過程中，主要側重於養生練法，教人注重神、意、氣的涵養，儘量不外泄，而將其用於養生。

根據最新的醫學研究證實，人體在不同的年齡段，機體都會出現某些部分的衰退。比如，依據人體細胞分裂概率，30～40歲，骨密度開始退化；40～50歲，熱量消耗能力逐漸降低；50～60歲，胸腺進入萎縮期；60～70歲，胰腺功能易衰；70～80歲爲心腦疾病高發期等等。即便是訓練一生的運動員，也抵擋不住自然規律的作用。

大力士進入老年，力量也會減退。而太極拳主要練的是內功，開發的是神、意、氣，不受年齡限制。只要堅持練習，無論男、女、老、少都能不斷得以開發、提高。

隨著現代工業化進程，人類承受著越來越多的各類污染和病害的侵擾。增強體質和免疫力，發掘人體潛能成爲當前社會之迫切需求。太極拳在養生、防身、祛病等方面的功能被人們廣泛接受，甚至被譽爲

中國的第五大發明。

近來，國際社會對太極拳的「替代性」療法極爲關注。「世界太極與氣功日」活動已舉辦了多年，太極拳中孕育著「積極能量」之理念已穩固紮根於西方。中國是太極文化的發源地，有義務、有責任將這項惠及人類的功夫繼承、傳播、發揚光大。

目　錄

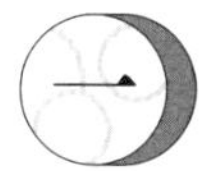

拳　架　篇

（一）何爲大架套路？

楊式太極拳大架套路源於中、小架套路，是楊澄甫等人在原有拳架基礎上修改、完善之作。目前在國內外廣泛傳播的就是大架套路。也可以說，大架套路已成爲楊式太極拳的標準套路。配合大架套路的經典專著，有楊澄甫的《太極拳體用全書》，以及傅鍾文的《楊式太極拳》。大架套路與中、小架相比，更爲開展、舒緩、柔和，沉穩與輕靈並舉，鬆柔與堅剛兼得。

大架套路練法的基本要點與中、小架相同，即虛靈頂勁、含胸拔背、鬆腰鬆胯、沉肩墜肘、上下相隨、內外相合、連綿不斷、虛實分明、動中求靜、用意不用力等。

孫德明老師學習大架套路，始初師從楊澄甫之徒崔毅士大師，自1959年至1970年整整10年間，從無中斷。即便在「文化大革命」中，孫老師也不顧崔師處境險惡，堅持上門求教，並給予精神和物質上的幫助。據孫老師講，崔師教學時，執一木棍，哪裡練得不對，也不說話，只往錯處一杵、一敲。當時，白天練功已不合適，孫老師就在夜晚一個人躲進樹林裡苦練，一個式子要練幾個月才學新式。可見，得到真功確實不易。

崔師去世後，孫老師到汪永泉大師處學習中、大架。他從汪老師那裡得知，無論哪套拳架都分技擊練法和養生練法，技擊練法也有養生之用，但養生練法卻不能直接應用於技擊，只能爲日後練技擊打好基礎。

由汪永泉大師講授的《楊式太極拳述真》一書中，曾不無遺憾地提過：本書講述養生的部分比較薄弱。參加過此書與本書的編寫工作者希望在這裡加以補充、完善，使太極拳更廣泛地造福於人類。因此，大架套路，詮釋內容以養生爲主，而大架套路獨到的技擊功能，僅在大、中、小架的區別內容裏加以簡單介紹，本書的主要目的在於對養生練法的探索和詮釋，並使每個姿勢配有運行經絡的說明。

陳鑫說：「拳爲小道，而太極大道存焉。」說明除了拳架、拳術外，太極拳內還蘊含著許多內容，這其中就包括養生祛病、修身養性。這裡僅對這一傳統文化瑰寶——養生作些粗淺的介紹，以饗廣大群眾。

（二）小架、中架、大架的區別與大架的養生功能是什麼？

小、中、大三套拳架是由楊家幾位大師潛心研究，繼承了太極拳傳統精華，融入獨具特色的拳法而成，實踐證明它在養生與技擊訓練中，發揮了優異功能。

很明顯，這三套拳從拳路、拳架看各有不同，這只是形的不同。更重要的差異不在姿勢上，而在心法、勁法

上。小架使用的多爲小轉關，善用擰勁、裹勁、鑽勁，還承襲了一定的震腳及縱跳步法。行拳時架子低矮，姿勢靈活，速度快捷，拳法隱蔽。演練時適當減速也是允許的，只要不失其基本要求。

中架比小架舒展，更講究開勁、合勁，全身一動無有不動，既輕鬆靈活，又整體畫一。善用立圈發化，講究從上下兩個方向實現陰陽轉換。行拳時充分利用內功來演變拳路。

大架比中架更爲開展、大方，可以體現開中開、合中合的功效。善用横圈發化，更講究意念深遠的作用，強調神、意、氣的威力。所謂「開中開」，實際上是在第一次開的盡頭再開一次，這也就表明，兩開並非連接不斷地開，而是有一個令人察覺不到的合，即轉換。表現爲開過以後，再將骨節放鬆一下，順原方向再展開一次。表面看是連貫的，實際上是運用意念與內功，迅速、細微地完成一次合的過程，從而增長了這個動作的功力，有效緩解了身體局限性帶來的困擾。接續不上的內勁可以延展，粘黏連隨中達不到對方接觸點時能夠伸長，便於彌補自己的凹凸與缺陷，發揮巨大的功力。

根據「法不敵功」的說法，開中開的練法還要加上足夠的功力才能起到更有效的作用。

大架擁有自己獨到的技擊特點，但是，在這裡我們著重介紹的是其養生功能。大架的養生練法，主要是由軀體的外形與內氣的有效運動，以求上下相隨、內外相合、有無相生、陰陽平衡，進而吸收大自然有益精華，調整自身的不足，達到天人合一的境界。

如前所述，無論哪套拳架，都具有招、術、養三種練法及技擊練法。將三種練法分別安排在三套拳中只是爲了不要重複其招、術、養三種練法的內容。大家可以舉一反三，自行配套練習。

因爲，這三套拳架的共同特徵都是用內氣、內勁運行十三勢，都講究用意不用力，在窺探到對方勁力中心後，利用來力進行發化。技擊方法與功能大同小異。所以，這裡不再贅述，只將養生功能加以推廣。

太極拳原本具有養生功能，這一功能並非僅存於對身形、肢體的鍛鍊當中，而是依據中醫學、經絡學理論，對身體內部所有內臟器官、循環系統的運動進行疏理調整，是強身健體、輔助醫療的很好途徑。現代醫學研究發現，負面情緒可激發身體中生物化學變化，從而引起某些疾病。太極拳則借助意念與形體的鬆、靜、自然，能很好地改善人的精神狀態。

隨著人民生活水準的逐漸提高，人們的健康意識也在向高水準發展。太極拳能夠提高人的免疫力，已得到國際醫學研究的證實。但是，太極拳養生的功能只在強身健體、提高免疫力和輔助治療上，不能認爲太極拳可以代替醫藥。

（三）大架套路與養生練法配套的原因何在？

汪永泉先師晚年，每逢教拳之後，回家仍要練一趟小架拳，作爲調養身心之用，這就說明，中架和小架均可起保健作用。大架只因普及率高而成爲首選。

關於太極拳的養生功能，自古以來就深受重視。相關的文化遺產是有關聯作用的，因而曾有儒、釋、道、武、醫爲一家之說。

在遠古，未形成系統的醫藥之前，人們就懂得利用導引術，促使氣血順暢，以祛病解痛。《淮南子·精神訓》曰：「精神盛而氣不散則理，理則均，均則通，通則神，神則以視無不見，以聽無不聞，以爲無不成也。」老拳譜中也有「精神提得起，則無遲滯之虞」之說，這些都是古代對拳術與人體生理反應相互關聯的生動寫照。

儒家也很注重直覺體悟，主張物我互通的境界。「無思，本也；思通，用也」。（周敦頤《通書思》）朱熹注：「無思，誠也；思通，神也。」儒家認爲，誠和通是宇宙本體的兩個基本方面。這與太極拳的體與用，以及神、意、氣相互作用的道理是一致的（劉長林《中國象科學觀》）。孟子說：「夫君子所過者化，所存者神，上下與天地同流。」（《孟子·盡心上》）看到這種自如、通達的人生哲學，就不難理解太極拳主張「一身舒適萬法宗」的原理。

佛教六祖大師說：「佛，猶覺也。分爲四門，開覺知見，示覺知見，悟覺知見，入覺知見。」即開啓、示導、體悟、契入的漸進過程。楊式老譜開篇即明確指出太極拳爲知覺運動，與佛教道理吻合，明白支配一切，指導一切，又不被一切所左右，其精神境界稱爲「慧」，其實踐與體悟稱爲「定」。太極十三勢中重要的也是中定，其本質和佛教理念也有相通之處。

陰陽理論作用於實際存在著的內氣，便形成運氣學說，而運氣學說既闡述了「宇宙運動的德（本質）與道

（規律）」，也提出了類似於事物對立統一、相互對立，相互轉化、循環往復的觀點。古人也有將大腦喻爲一小宇宙或腳爲一小宇宙之說。總之，古人不僅發現人體有形的各局部器官、系統之間存在著相互協調、平衡、通暢的問題，而且在人體無形的領域之內，如精神、心理、經絡、穴位、內氣等也總結出了重要的養生機理。

太極拳所要求的鬆靜安舒、氣血通暢、內外相合、以意導氣、以氣運身、陰陽平衡和全身協調等，正是以內養外、以無形帶有形的典型的養生範例。其原理涉及自然科學和生命科學眾多學科，已經受到世界許多國家和人民的關注。

1978年11月16日，鄧小平在接見日本友人時揮筆題詞「太極拳好」，表明了他對太極拳的全面積極肯定。打太極拳對各年齡段的人都適合，特別是老年人。因爲這項運動可以明顯改善神經系統、平衡功能和調節功能等。經美國專家研究發現，練太極拳的人比不練的人摔跤骨折的概率減少50%。同時，太極拳運動也符合運動三原則：有恆、有序、有度，是一項很好的有氧代謝運動。運動時間超過20分鐘以上，起步時吸入的氧氣已融入細胞中，體內葡萄糖得以充分「燃燒」，轉化爲熱能量。因此，練習太極拳可增強心臟、血管功能，提高肺活量，防止骨質疏鬆，促進脂肪代謝，提高抗病能力，改善心理狀態。

最近，美國學者一項最新研究成果表明，常打太極拳的老年人能防止帶狀疱疹，儘管其原理還不甚明晰，但是研究人員能把太極拳作爲參照，已經說明其健身養生的功能日益受到世界的矚目。

太極拳養生功能並非楊式太極拳獨有，如吳式太極拳大師吳圖南提出的養蓄宗氣、培補元氣、運行營氣、開發衛氣，就是太極拳養生的關鍵之處。武式太極拳大師李亦畬也在《十三勢行功歌訣》中提到，「若言體用何爲準，意氣君來骨肉臣，詳推用意終何在？益壽延年不老春。」

這裡將太極拳養生功能與楊式太極拳大架配套，並非表示其從屬關係，而是要全面推介太極拳的功能，更好地使理論與實踐相結合，以利讀者各取所需，廣泛受益。

（四）養生練法與技擊練法有什麼不同？

一些太極拳愛好者一開始就只學技擊練法，不斷地與人推手，一天發人幾十次，甚至上百次，樂此不疲，雖然也能增長內功，但是過度勞累，而又忽視飲食起居的調劑，縱有較好的內功，久之也會影響健康。任何事物都有度的問題，過度就難免出現偏差乃至嚴重後果，特別是違背太極理論的禁忌，必然傷人傷己。太極學說主張平衡、中庸、不偏不倚，不僅是指導技擊的基本要求，更是養生必須遵循的準則。

楊式太極拳發展到第三代，特別加強了養生的成分。這除了適應清朝貴族「玉體不動」的顯貴達官和體弱年邁者的保健鍛鍊需要外，也有利於太極拳的推廣、普及，擴大傳習範圍，有利於太極拳理念的拓展，突出輕柔、緩慢、圓活、連綿的運動特點。在當代，則更有利於全民健身運動的開展。

特別是由於個人條件、興趣的不同，很多人不適合、不擅長技擊練法，於是養生練法便脫穎而出。首先，從外

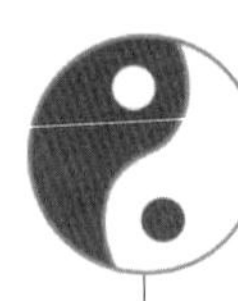

形上講，養生練法主要爲舒展、大方、架子高、不吃力。姿勢不以實戰爲標準，沒有敵對的意識，所有的姿勢都圍繞一個中心——自我，鍛鍊自己的形體、肌肉、筋腱、骨骼，使之靈活、輕鬆。做不到的姿勢，也不勉強，逐步追求內氣充盈，貫通全身。

從姿勢上看，也能明白二者的目的不同。技擊練法需要面前有假想對手，手、腳、身形的位置都要以對手被擊的相應位置一致。既然不是漫無目的地練，姿勢必須合乎技擊要求，對關節的壓力較大，體力消耗也較多。

而養生練法可以不顧及這些，姿勢以自如、平緩爲主，精神內斂。根據自己筋骨、肌肉、臟器的承受能力安排行氣的幅度與行拳的速度，養生練法可以不練或隨意練抻筋拔骨。但技擊練法則必須嚴格要求按高難功法習練，並且直接決定功夫的高低，非常辛苦，有時甚至極爲痛苦。這些都是養生拳架可以回避的練法。

兩種練法也有相同之處，都應注意陰陽轉換以及太極內功的其他基本要求。養生練法只需以形引導經絡之氣，含於體內，作疏通內部循環之用；技擊練法卻要練出引導外形的混元之氣，並擴散於體外，才能起到用內功技擊的作用。

從內氣方面觀察，兩者注意力不同。技擊練法要求的三個氣圈——肩、腰、胯圈從中斷開，分爲六個半圈，以便靈活發放。內氣在調動時，經常有向外發放和收縮以及轉化的練法。

從養生內功上講，內氣的運行以緩慢均勻、內行爲主，不向外發送。只用來疏通內臟、經絡、血液循環系

統、消化系統、泌尿系統、神經系統、呼吸系統、淋巴系統的各種「管」與「道」。

另外，養生練法精神更爲鬆弛，沒有了「對方」，專心用來對付自己，增強體質，祛病延年。練習時似在體內進行按摩，消除病痛，拋棄一切煩惱，抵制一切破壞平和心境的因素。常言道：最大的幸福是健康，最大的敵人是自己。這裡的敵人指的大概就是自尋煩惱的生活方式和病態心理。

技擊練法要求行拳時「把內勁通出手外，稱爲『功夫上手』，意在影響虛擬的對手。手是起著指引方向的作用，每一個姿勢和動作都要透過手散放內勁。例如：手勢要由身體中心出手，並且做到內勁通出手外1～3尺，然後還能將意氣順著原路收回，機動靈活地變換姿勢，進而達到內勁「發於中、形於外，達於四圍」的要求。

養生練法內氣需渾圓一體。雖同樣本著「守元抱一」「致虛極，守靜篤」的法則，但不需要將內氣散於體外，只需在體內運作，順其自然。內氣越足對養生越有益，但是微弱的內氣也可以起到相應的養生作用。內氣的收放就在拳勢的舒展、開合之間，不拘一格地練習更易促進內氣的生成，發放的內氣不會影響身體健康。養生內氣還有加強經脈間在大絡、纏絡、孫絡的橫向聯繫作用，使內氣充養周身，以達到全面調養的目的。

技擊練法內氣主要是由經脈貫通，由意念強化調動內勁運行，再加上其他內功訓練，如大小周天等，形成可以引導出體內的混元之氣，由意念指揮，擴散於體外。內功的高低，取決於發出的能量大小。在臟器方面，技擊練法

對內臟的利用很多，要求運動的幅度較大，例如「意氣鼓蕩」在特定的條件下，對身體的強健不無裨益。但是，它不能普遍適用於任何群體。養生練法則對內臟只起養護作用，無論是外形還是內氣，都對臟器起按摩、調理作用，促進它的新陳代謝，以達到增強體質、緩解病痛、養生益智的目的。

陰陽可以概括太極拳論中所有對立統一關係的代名詞，如虛實、開合、內外、形神、動靜、剛柔、吞吐、疾緩、輕沉、上下、左右、前後、發化、進退等。無論養生練法還是技擊練法，都離不開這些關係的協調、平衡，這也可以說是拳架的核心。失去這種關係的和諧，養生練法會覺得很累，技擊練法更會失去中心與靈魂。因此，在初學與進階過程中都不可忽視。

中醫認爲：「肝主筋。人的運動能力靠筋，又稱之爲『筋力』。因肝主藏血，又主筋，所以肝爲人體運動能力的發源地。男子有沒有力氣首先與肝相關。」

「人肝氣足的話，筋的彈性就好，人就有力氣。人如果過度勞累，就會傷肝進而傷筋。」（曲黎敏的《從字到人·養生篇》）由此可以看出，功夫好壞與人體臟器的強弱有直接聯繫。太極拳運動要從養生練起，是不能回避的過程。

目前，我國正逐步進入老齡化社會。老年人辛苦一生，大多數人或多或少都有一些不適與病患。雖然多有空閒，卻已不適合年輕人那樣的劇烈運動，他們更需要的是舒緩、內養的運動，防病、調理的運動。而太極拳的養生練法正好符合這一需要，在正確指導下習練太極拳對任何人都有益無害，並且養生練法也不失爲技擊練法的基礎訓練。因此，許多人主張練太極拳最好先練養生功法。

最近的美國權威調查報告指出：根據人體細胞分裂概率，人類在不同年齡段會出現某種較普遍的衰退現象，比如30～40歲骨密度開始進入退化期；40～50歲熱量水泵能力開始降低；50～60歲爲胸腺萎縮期；60～70歲爲糖尿病高發期；70～80歲爲心臟血管多變期。各個時期需要注重不同的調節方式，以便有針對性地延緩衰老，除了包含起居與精神方面的調控外，適當加強有側重性的、持續的體內深層次養護就顯得尤爲重要。

（五）練好大架套路應注意些什麼？

學拳術的人，都知道這樣一句拳諺：「拳打千遍，拳理可現。拳打萬遍，神通自現。」有很多用功的練習者，不到一年便可打拳千遍，爲何多年之後仍在拳理之外徘徊不前呢？這就說明打拳也要有正確的方法，過分與不及都難以達到目的。

僅以大架套路爲例，進行兩個方面的說明：從形體方面看，從起勢開始，應鬆、穩、慢、勻行拳，連綿不斷，一動全身皆動，上下相隨，做到「周身彈簧力，開合一定間」。周身內氣欲前先後，欲左先右，欲上先下，反之亦然。以腰帶動形體，要形成利用反作用力、始終保持中心平衡和氣血通暢的習慣。

明代醫學家張景岳說：「命門居兩腎之中，即人身之太極，以生兩儀，而水火具焉，消長繫焉。」說明太極拳爲什麼對腰功那麼重視。勁源在腰，「打拳即轉腰」之類

說法，都是強調腰在拳架中的重要性。但是，在達到這一要求之前不要急於求成，否則，欲速則不達。要先練柔、慢、鬆、活，只要輕鬆、舒適地練習，待積累到一定程度，自然增進功力。

柔是鬆的基礎，柔軟也是去除僵硬的必經之路。但柔並不代表鬆，更沒必要一開始就練圓活輕靈。在柔的前提下可練圓撐力，即任何彎曲都不打死角，動作轉向時，不直來直去。慢是勻的前提，也是內氣初級運行階段是否暢通的條件。透過對習慣及速度的調整，還可起到緩解緊張情緒，放鬆肌肉、關節的作用。這樣才可做到節節貫穿，如蛇行蛹動，如水波激蕩，如水中游泳。

開始練習時要求的鬆，不是鬆透，而是能鬆多少鬆多少。鬆的方式方法很多，此時不要求標準的鬆，而是自然的鬆。行拳過程手指有酥、麻、酸、脹感就更好，並要做到精神放鬆，心態平和，去除雜念，一心向拳。如有分散，及時調整。平和自然是基本要求，是走向內功訓練的關鍵，如果意識散亂，就無法起到引導內氣的作用，只有意念純粹集中在內練上，才可進階內功層次。

從神、意、氣方面看，根據中醫理論，人體的病痛來源於「滯」，還有「不通則痛，通則不痛」之說。而太極拳正是要透過神、意、氣的運動，使之通暢。只要鬆弛形體與精神，堅持鍛鍊，體內的功力自然會聚集起來，逐漸達到養生的目的。

要練就鬆、散、通、空的內功，先要做到靜、穩、自然。人體記憶體在著細密的、縱橫交錯的經脈網路。局部的緊張會擠壓和封閉經絡的通道，即便存蓄了一定的內

氣，也起不到疏經通絡、防病養生的功效，想在內氣運行中強化其功效就更難實現了。放鬆不但是練功的前提，更是需要不斷深化貫穿始終的基本內容。

太極拳的放鬆應當從眉間鬆開做起，兩眉梢向耳後鬆展，捎帶鼻孔、耳輪，下頜骨自然鬆墜，脊椎往下鬆，橫向達到肘、腕、指尖，縱向達到夾脊、命門、環跳、腿肚、踝骨。再從百會鬆起，前面鬆喉頭，喉頭也稱上丹田，鬆時不要抬頭，而要虛靈頂勁，還要鬆肩窩、膻中、肚臍、膝關節直至腳底。上接大自然混元之氣，全身貫通，最好做到鬆、散、通、空。在此狀態下行拳，氣催形走，是最佳行拳功法，只有勤學苦練才能練好大架套路。

（六）從何入手練養生功？

在初步瞭解太極拳深層次養生的原理後，就面臨如何讓功夫上身的問題。究竟怎樣練才能達到目的，取得效果呢？對於初中級習練者來說，可簡單概括爲三個數字——0、1、2。

「0」即無極。逐步達到，首先是練鬆，不僅鬆皮肉、筋骨、內臟、神經，特別要鬆精神，而且每一種鬆法都分不同層次。要根據自身條件和環境，循序漸進，不可急於求成。

從無極狀態起始的拳架，最終又復歸無極，達到虛靜至極，無心無意的境界。將身體的鬆、散、通、空擴展爲心靈的鬆、散、通、空，以形成其小無內，其大無外的恒遠意境，真正體現「太極」的哲理，在實踐中達到養生目的。

「1」即「中」。可透過練拳路，在運動中立中，中定，掌握平衡陰陽，力求不失中。保持身體陰陽平衡還要從改善生活習慣做起，包括飲食、起居、思維方式等都貫串此理，以便調養中和之氣。

在鬆的前提下，便要做到「中正安舒」。「中」是神、意、氣中和貫通的狀態，所謂「打中沒有中，處處都是中」，指的是守中不要固守、死守具體的中線，無論實中還是虛中，都可以根據需要調整，不一定固定在身體中間和中部。

「2」即陰陽。也可以說，太極拳幾乎所有有形與無形的練法、招法均可用陰陽二字涵蓋。但在養生階段，我們首先要做的是內氣的升、降，這也正是幾千年前祖先就用來養生的引導術。引導的是內氣，方法有很多，如升降樁、小周天、大周天、無極樁、雲門樁、混元一氣樁（馬國興的《龍涎集》），甚至瑜伽功都可以，目的要讓內氣自由運行起來，真正做到「以意領氣，以氣運身」，而不是僵滯、硬憋、硬頂，更不是空想。

道家早有打通小周天的方法，如「叩首法」「震動尾閭法」「壁虎爬行法」「踏步搖頭法」等，（詳見《求醫不如求己》）。小周天是任督二脈的聯貫、接通，任脈乃陰經之海，督脈乃陽經之海，小周天的貫通對太極拳內功的訓練至關重要。在養生練法中，內氣只需關照、疏通自身內部即可。

有拳友說，練功找的就是三個字：拳、權、全。第一個是練「拳」，不僅練外形，還要掌握陰陽的道理；練內功進入雙人推手訓練後，打的是「權」，也就是掌握立中

和平衡的技巧；進而達到修「全」的境界，即無形無象，全體透空，以意導氣，以氣運身，一動無有不動的狀態。

無論是養生還是技擊，都可以這樣練，只是目的與方法略有不同。也可以說，養生練法是技擊練法的一個過程或初級階段，根據不同情況和需要，這個過程可長可短，但它既不可回避，也不可跨越。因爲，內功的發生與強大，必須建立在健康的基礎之上，可謂欲速則不達。即便一些有很高技擊功夫的人，也會經常回過頭來練養生。

在初始階段，只需精神集中，儘量做到綿綿不斷、始終如一就好，或者「形斷意不斷，意斷神可接」，使神、意、氣在行拳過程中占主導地位。按此要求習練拳架，還可以逐步增長內功。古諺云：「得來萬法皆無用，只有順遂一法通。」這句話對技擊與養生均有指導意義，既要順遂對方，更要順遂自己，順應自己身體各部位的舒適通暢。這與「捨己從人」的拳理並不矛盾，因爲捨的目的不在「捨」而在「得」，神、意、氣修煉的方法也是同樣的，要先做到「空」，做到「無極」，才能「有」，才能施展「陰陽之術」。

關於養生功的中正安舒，可以看做是一種狀態，也可以分開理解。「中」包括虛中、實中，與自身的平衡調控直接關聯；「正」不僅包括不偏不倚的中庸之道，還有中醫所說「正邪」之「正」的意思，不僅「外」正，還要「裡」正，如有偏差，要及時調整才有利於內功的增長；「安」主要指精神方面，首先要做到《黃帝內經》所說：「恬淡虛無，真氣從之，精神內守。」如果心不安，意就會亂，就難以做到正確地「以意導氣」；「舒」則是整體

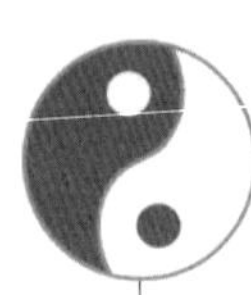

性和對錯的試金石，內氣運行時，如哪裡不舒服，就可以反過來查找自己的失誤與缺損，及時加以糾正調理，形成良性循環。

北京中醫大學張其成教授將《黃帝內經》概括為八個字——「法於陰陽，和於術數」。我們總結養生功練法的「2」，正是陰陽術數，也就是對立統一規律。也可以說，拳術中的一舉一動、一呼一吸中都有陰陽術數的存在，但我們又不能機械拘謹地去模仿。這就需要我們腦子裡常掛上這根弦，出了問題，先看看「0」做到沒有，「1」做到沒有，然後是「2」。一定要學會掌握以上的養生原理，才能在自身練法中找到癥結，才能「已欲達而達人」而不會怨天憂人，不知所措，才能讓功夫儘快上身。

另外，在練功時，我們首先強調要「空」，除了根據道家學說為太極理論的源頭外，在實踐中，我們體會到如果不空，便不能增添新的東西——內氣，而內氣的多寡，直接決定內功的深淺。因此，我們儘量努力做到：從無到有。也就是為道日損，損之又損，以至於無。甚至可以說：做不到「無」，也做不到「有」，無多少，才能有多少。孫老師說過一個故事，曾經有一位拳友，鬆不下來，老師就讓他一邊站著，一直練鬆，絕不教他式子，結果一連站了7年都沒有鬆下來，老師去世了，一招一式都沒有教他。這雖然是個比較極端的例子，但也說明了一個問題，在鬆不下來的情況下，學習多少招勢都不是高層次的太極拳。

當然，上述這個例子也說明了提升技擊內功的特殊練法。在養生階段不要求長時間站樁，汪老就從不主張站

樁，練拳也是強調以鬆柔和緩爲宜，主張內練一定要配合拳架，陰陽平衡，內外相合。

（七）養生功練習爲何要配合拳架？

練拳的過程，是從「無法」透過形的變化進入「有法」，在此過程中，適當留意內氣隨神意調動到需要的地方。待內氣隨神意可以運用自如時，即便外形沒有絲毫動作，內部也要「虎嘯猿鳴，江河奔湧」。這是一個因人而異的昇華階段，只可循序漸進，不能一蹴而就，更不能相互攀比，否則會傷害生發內氣之本。因爲，每個人的基因、生理因素、社會環境、生活條件不同，產生內氣、意識強弱程度也不同，如果不配合日常起居、飲食科學、精神調劑，只一味拼命求功，反而得不償失，或走了偏路，再回頭來找，反而費功耗時。

太極拳先練鬆空，再練內氣，繼而練拳理拳法，都建立在拳架練習的基礎之上。只練拳架不走內氣如同想練技擊卻從不聽手一樣；而只練內氣不練拳架就如同沒學走就跑一樣，都是偏頗、急躁之舉，不符合太極拳精神。

如果目的是養生，一切都應圍繞健康而練。不要勉強去追求某些難度大的動作，循序漸進，以輕鬆、舒適爲準則。特別是年邁、體弱的人，如果一套拳打不下來，打半套或一部分也可以。

如果針對相關經絡導致的疾患，只選擇適合自己的一個或幾個式子，加上起勢、收勢，單獨練習也可以。在日常生活中，工作之餘，行、立、坐、臥都可以內練，意想相關拳路以意領氣，反覆循環運行即可。

喜歡配合呼吸習練，並能吐納自如者，若持之以恆，也能收到一定效果；不能配合者不要勉強，可以自然呼吸，有內氣運行固然好，暫時沒有也不要著急。在練習套路的過程中，注意力集中，慢慢就會練出內氣來，即便沒有內氣，這種舒緩的鍛鍊方式，也會有益於健康。

練拳沒有場地限制，在力所能及範圍內，還是以空氣清新、環境幽靜處爲宜。

根據實踐體驗，在不同進程中，對同一句話都會有不同感悟。孫老師常在練拳架時要求：「走活了，走合了，鬆上走。」關於「活」，前人說法很多，有人解釋爲：「一動無有不動」。武禹襄說：「意氣須換得靈，乃有圓活之趣。」陳鑫說：「在內爲意，作意轉自然則周身圓活。」這種內在的圓活，就是氣血流通，遍及全身並可隨心所欲集中到某一局部。這些聽似簡單，真正做到則不很容易。

初練時，多體現在外形上，即便明明知道老師指的是內功，也找不到路徑。練到內氣產生以後，也僅停留在內氣的運行上，對於神、意的應用，一時尙難領會。只有那些踏入神、意階段的同道才能體悟到：「原來，就這一句話，便夠練一輩子的。」各大流派，眾多宗師，當代高人的指教、理論、經驗、體會……可謂浩如煙海，太極功夫必然學無止境，在許多問題上，雖然說法不同，層次不同，過程不同，在根本上，都可以殊途同歸。

（八）如何學好拳架？

有人比喻學太極拳像游泳。初學練內氣時，如剛涉入水中，身子沉、不平穩、阻力大，水越深，前進越艱難，

必須學會漂起來才行。老師、教材就如同救生圈，只能起輔助、不能起替代作用。遇到旋渦，得學會先沉下去，再順水流走向浮上來，如同學練捨己從人、不丟不頂、隨曲就伸一般。遇到水草纏繞，停下，先放鬆身體，一手畫水，一手撥開草莖，從容脫身而出，這些手段關鍵是要放鬆，分陰陽。經過掙扎、拼搏、漂浮、前進，才能抵達對岸。上岸後，看起來與對岸的人同樣輕鬆、愉快。然而，此岸已非彼岸。

太極拳習練者學拳，最難學到的就是功夫上身。無論是修煉養生功，還是技擊功，不退去拙力，自由運用內氣，便不算功夫上身，只能算鍛鍊筋、骨、皮。只有功夫上了身，才可進行深、淺、大、小之訓練。光憑讀書、聽講，即便是老師手把手教，功夫沒上身之前，本領還是別人的，不是自己的。

有人提出，學到真正的太極功夫，需具備四個方面的條件：恒心、苦練、名師、體悟。且不論這種見解是否全面，其中有三條說明要想學功夫必須自己下工夫。功夫雖然難學，但它的特點必須是經人的活體代代相傳，爲了保存這一東方哲學與武學、生命學的瑰寶，需要大批同道進行艱辛、持續的工作。

學功夫先學拳，孫老師常說：「拳打好了推手自然就會。功夫都在拳裡。不能瞎練，得練『活』了、練『合』了。」他指的活了、合了就是拳理中的陰陽變化。什麼是功夫？功夫是磨礪出來的，屬於個人的能力。師傅教導，不能保證學徒功夫上身，傳授經驗、領悟是一種啓發，接受多少要靠自己努力！餵勁是過程，光靠餵學不出來。將

老師的教誨變爲自己的能力，這就是我們在學習過程中要努力做到的。

一心想讓老師教絕招，自己不積極習練不行，只有在老師指點下親身操練、摸索、體驗才能成功。開始自己證實不了對錯，可求助於同道證明自己的方法對不對，慢慢積累，功夫自然長進。糾正檢驗就是過招，這樣才能學到真正功夫，不走彎路，也沒有捷徑可走。學拳大體分招熟、懂勁、神明三個階段。尋名師正是爲了能懂勁，能指點對與錯，可以減少不必要的時間、精力耗費。但是，太極拳不像其他學問，老師講出來，理解了，學生便會。太極拳的道理既便講出來，學生理解了也不一定能會。自己學會還要靠練，並且在練的過程中，要根據不同基礎給予不同訓練。如果基礎差，就要先教拳架的外形，先進入平和、鬆慢境界，踏實訓練，積累到一定程度，自然水到渠成。鬆有程度、進度的不同。否則，就像讓小學生做微積分一樣。

練習拳架，不同的人，體態、基本功、運氣方法、習慣等條件不同，姿勢也不絕對一樣。因此，此套書中拳架套路的姿勢，既有先師的傳承，也有孫德明老師的體會、經驗和創新，重要的是基本理念和主要技法大致相同。作爲學習者，關鍵在於體會老師的功法，不必追究姿勢與前人有無差異，只求功夫正確，自己有所收穫才是。

太極拳自誕生以來，衍生出多家門派，各有所長，目的卻都在修煉拳法。因此，本書以博取眾長、互補提高爲方法，兼顧以楊式太極拳的理念爲主，其宗旨是學以致用，共同提高。

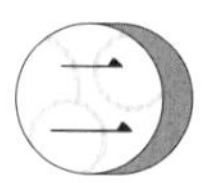

養生篇

（一）太極拳如何能防病健身？

隨著現代科學和醫學的發展，中醫透過經絡、穴位治病的原理逐漸被實驗證實。調動自身的潛能，恢復再生系統發揮作用，調理氣血的不平衡，使之兩旺，是強身健體、祛病養生的簡易、便捷的途徑，通稱「自然療法」。太極拳也屬於一種較高層次的自然療法。

現代人過分依賴醫藥的現象普遍存在，卻不知自己的身體本身就具有良好的修復功能，忽視了它的存在，就不會充分調動它的潛在能動性，不會認識到它預防疾病、輔助治療的強大能量。

目前我們認知的太極拳套路的創立，不是本書探尋的起點。我們渴望瞭解的，是太極拳文化的根源。面對這一寶貴的文化遺產，手捧歷代宗師、專家的精論，不探索其淵源，確實難以解讀，更無法化為自身的功能。不僅王宗岳提出太極者，無極而生，陰陽之母也；楊式老拳譜也指出本拳利用的是「日月流行之氣」，練的是「知覺運動」。這門拳術涉及的「無極、太極、陰陽、氣、知覺」

等與我們日常練的拳架有何聯繫，又該怎樣落實到養生中去呢？

對於太極拳文化的追根朔源，不僅可以更好地解讀、領會拳理與拳法的真諦，還能浸潤於傳統民族文化的海洋中，吸取豐富的精神食糧，身體力行，以獲取精神境界與養生保健雙豐收。

太極拳內涵博大精深，存在由淺入深，不斷昇華的過程。總括起來，大致爲：練形生精，練精化氣，練氣化神，練神還虛。練形生精的目的是打好物質基礎，因爲以後那些看不見、摸不到的中、高層練法要建立在堅實的物質基礎上。身體不好的人，也需要經過練習，在恢復精力以後或恢復過程中才能增長功力。

練形主要方法是體驗拳法套路。關於拳架的正常練法，李雅軒大師說：「在動時，要以心行氣，以氣運身，以腰脊率領，牽扯動四肢，綿綿軟軟，鬆鬆沉沉，勢如行雲流水，抽絲掛線，綿綿不斷，又如長江大河滔滔不絕，將一趟太極拳形容出來，不是四肢局部之動，練後有甜液生於口中，便是練之得法處，身心已感泰然。」

在初級階段，雖然達不到技擊目的，但可以養生，到了中、高級階段，如不用於技擊，仍可進行深層次養生。因此，對於廣大太極拳愛好者來說，太極拳的實用價値非常切實、廣泛。

幾千年來，中醫除了使用藥物，還用針灸、按摩、推拿、氣功等方法治病。太極拳調治疾病的原理與其相似，是由自身或他人輔助，用肢體運動促進內氣運行，達到綜合調理的效果。

內氣是大自然賦予人類的最寶貴的財富，我們應該很好地保護、重視、認識、利用，這也是人體自身的一種修復能力。道教的比喻是：「人身所藏之精，譬如油；人身之氣，譬如火，其光高，譬如神。油量足則火盛，火盛則亮度大；反之，則油乾火熄而光滅。」（曲黎敏的《現代人的病因》）。而健康的心態與生活、運動方式則是精滿氣旺、氣旺神全的源頭。所以，「把健康寄託給醫生是軟弱的，真正的健康源於自我對本性的覺悟」。

人體有十四條經脈，除任脈、督脈外，十二經脈與十二臟腑相連，歸結爲手三陽經、手三陰經、足三陽經、足三陰經。所有向上或向下引導的動作都與手三陰經有關，包括手厥陰心包經、手少陰心經、手太陰肺經；所有從胸部發出的動作和向下行的動作都與手三陽經有關，包括手太陽小腸經、手少陽三焦經和手陽明大腸經；所有頭頸部動作都與足三陽經有關，包括足少陽膽經、足太陽膀胱經、足陽明胃經；所有與腳有關的動作都與足三陰經有關，包括足太陰脾經、足少陰腎經、足厥陰肝經。因此，太極拳的各種動作都帶動經絡，從而對人體保健、養生、祛病起到積極作用。此外，還有蹻脈、維脈、衝脈等帶脈、奇經八脈，內氣由這些管道，到達身體各部，起到積極作用。

中醫認爲，一個臟器發病，跟那些路過它的經絡中的其他臟器有關。比如，肺經、脾經、胃經、腎經都走心臟，當這些臟器有毛病時，心臟也會難受、得病，而元氣是關鍵的能源。中醫根據陰陽五行相生相剋的原理，主張辨證施治，綜合調理，太極拳養生的道理也正在於對經絡

的疏通，與天地之氣的融合、吸納。因此，在中醫那裡，「氣爲血之帥」。內氣不但可以波及到身體各角落，延伸到臟腑、骨骼、肌肉，而且可貫通中樞神經系統、呼吸系統、消化系統、血液循環系統等。

爲什麼血液循環加強，可以祛病，因爲「新鮮血液所到之處，有害細菌就會無法生存。因爲新鮮血液裡免疫細胞和淋巴細胞極爲充足，這些細胞都是人體的衛士，可以迅速地將有害細菌驅逐出境。只要你及時打通經絡，讓新鮮血液暢流周身，自然就會百病不侵」。（中里巴人的《求醫不如求己3》）

眾所周知，精神因素對身體健康的影響至關重要。人口爆炸、工作壓力、不良生活習慣給人造成嚴重的精神負擔，從而影響了人的身心健康。中醫認爲重要的是未病防病，在沒有病之前，就要防止得病，它的核心就在於養生。《黃帝內經》講了養生的三大法寶：第一是養精，第二是養氣，第三是養神（張其成的《養生大道》）。

這與太極拳的養生原理是一致的，同時《黃帝內經》認爲：「人最重要地是它的根本，『生之本，本於陰陽』，而『治病必求於本』。」治病要治根本，根本在哪裡？《黃帝內經》說生命有根本在於「陰陽」，實際上它就是氣，而氣又來源於精，表現於神。所以生命的根本就是精、氣、神。

當然這三者是密不可分的。氣可以分陰氣和陽氣，陰氣和陽氣再細分可以分出五行。陰氣按多少、強弱可以分出太陰和少陰；陽氣按多少又可以分出太陽和少陽；太陽就是屬火，少陽就是屬木，少陰就是屬金，太陰就是屬

水，這四個中間還有土——把這四氣、四行統一在一起，這就是五行。陰陽五行都是一回事，都是生命的根本。

中醫治病從根本入手，太極拳養生也在於疏理、涵養人的根本。《黃帝內經》把人看做是萬物當中的一員，所以叫「人身小天地，天地大人身」，或者「人身小宇宙，宇宙大人身」，人與自然是相互對應的。這種整體觀反映在三個方面：第一，人和自然是一個整體；第二，人和人是一個整體；第三，人的內在心身是一個整體。而太極拳的練法恰以協力廠商面開始，先把自身整體協調好，進而調整與他人的氣場合爲整體，最後是與自然融爲一體。

人體陰陽的平衡，不僅要體現在機體上，還要體現在精神上，包括性格的調和。《黃帝內經》把人性分爲五種，少陰之人氣人有，笑人無，忘恩負義。太陰之人陰險狡詐，貪得無厭。太陽之人狂妄自大，不切實際。少陽之人虛榮好勝，張揚自戀。也有人陰陽不定，在失衡與調整中搖擺。只有陰陽平和之人，才淡泊名利，求實務真，順應規律，無爲而治。認識到陰陽失衡造成的性格缺失，就可以由對氣血陰陽的調和，達到性情的平衡。陽氣過盛或較盛之人，將自我膨脹收斂一些，陰氣過盛或較盛之人，將自私自利收斂一些，以致趨於身心全面平衡。

養生練法的目的是要把身體內部練活。也就是俗話說的「上下通氣不咳嗽」，上下走通之後，不僅是對肺有益，感冒次數也會減少，症狀減輕，過程減短，由感冒引起激發的病患便會減弱，免疫力隨之增加了。這也可以印證《黃帝內經》所說：「正氣存內，邪不可干。」如同植物幼苗發病，先從改良土壤做起，土壤適合，苗木恢復生

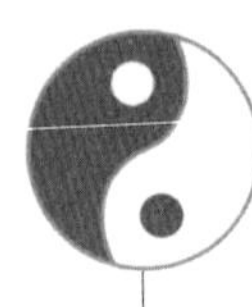

機，再灑農藥不遲。

太極拳由全身的協調鍛鍊，可以調整人的精神狀態，使人腦子靈活、豁達、開通、不鑽牛角、忘卻煩惱、精神輕鬆，更愉快地生活、工作，使身體健康形成良性循環。這是太極拳健身的機制所在，是太極拳健身的共性。

另外，太極拳健身還要適應每個人的特殊性。每個人都有一套染色體，絕大部分的基因序列是一樣的，但有千分之一的差別，從而造成了個體間的遺傳差異，也從一個側面證實中醫辨證施治，一人一方的科學性。

太極拳養生正是本著這種精神，養生練法不同於表演練法與技擊練法，每人的動作不必強求一致，而要以自身的適合爲准，這就是自然、舒適、輕鬆、愉快。在學會拳架以後，每個人可依據自身體質、年齡和功夫基礎進行最適宜養生的練習。

人在幼年的時候，身體從不平衡逐漸過渡到平衡，到了晚年，身體則從平衡漸漸趨向不平衡，並且不僅僅是形體，身體的其他機能也逐步老化。

太極拳側重內氣的調養，內氣又分元氣、宗氣、營氣，「元氣是人體生命的原動力。宗氣是水穀精微之氣與大自然空氣的混合體，積於胸中，以補充元氣。營氣行於脈中，濡養五臟六腑，四肢百骸」。內氣旺則身強，內氣弱則體衰，因此，養生練法注重的是內氣的培養與充盈，莊子曰：「人之生，氣之聚也，聚之則生，散之爲死。」可見古人將內氣重視到什麼程度，又可見內氣在生命體中的作用與位置有多麼重要。

太極養生練法就是從經絡、精神、內氣幾個方面延緩

人的衰老，也是從這幾個方面增強人的體質，以達到養生、防病、治病的目的。

（二）養生練法的要點何在？

養生練法主要是在行拳與生活中，透過留意疏理經絡、調養氣血、平和心態來達到目的，既對手、眼、身、腳、步有一定的要求，又對內氣與精神、意識、心態也有一定的要求，而重點在內練上面。

首先，養生練法的要點是要求擺正自身從內到外的位置，不要因爲自己姿勢不對，反過來壓迫、擠歪周身經絡與循環系統。比如，虛領頂勁是引領內氣向上走，對於身體經常彎曲造成的經絡不暢有所緩解，從而促進氣血順暢；氣沉湧泉是引領內氣下沉，不僅有助於掌握重心，也有利於下肢的血液循環，對整體的對拉拔長、舒經活絡都有補益。

此時，透過拳架練習，便可使內氣沖貫百脈，經絡暢通又會增補內氣，形成良性循環，其他要領同樣重要。

按照要領做了，如何鑒別對錯呢？如果僅限於動作，流於形式，練後會有其他運動項目鍛鍊後的結果，如氣喘、流汗等。如著意內練，留心按要領調整姿態，會有口舌生津、手腳痲脹的感覺，調動的內氣應該是周流的，不能只沉於丹田或某個局部。絕對不能爲了導氣而憋、努、頂氣，體弱者更宜循序漸進，不必勉強追求完整、到位、美觀，具體到套路上就是鬆、靜、自然，感覺輕鬆、舒服。

養生練法的形體與內氣有直接聯繫，因爲養生內氣屬

於經絡之氣，不必發散至體外，它的功能在於內部。而形體的運動又直接影響經絡氣的走向，對形體的要求直接關係到經絡氣的形成和發展。但是，養生練法的形體訓練不帶有強烈的目的性。

因此，姿勢要求舒展大方、前後相連、快慢相宜、鬆柔穩勻，絕對不練「爆發力」，不用「極堅剛」，既不「裹鐵」，也不「藏針」，只需練到輕、靜、虛、靈、通、空等狀態，只養而不瀉、不失、不傷。

《拳論》說：「氣者，生之本，經者，氣之路，經不通則氣不行。」氣不行，便是「滯」，滯在哪裡，哪裡便會生出病痛。然而，內氣與疏經理氣要在訓練中自然生成，不可強努、硬頂，如此對養生反而不利。「道的根本屬性是通。在人和宇宙中，通的體現者和推動者是氣」（劉長林的《中國象科學觀》）。

所以，太極養生的一個根本方法就是「通」。通什麼？通的是機體、臟腑內的大小通道。怎麼通？用神意導引內氣來通。內氣從哪兒來？就從正確的太極練法中來。這就是太極拳養生的方法。

其次，養生練法的要點是要求練拳與拳理一同研修，就是太極拳的外形動作與內功修煉都要符合拳理，這樣才能最終達到「天人合一」、「無形無象」和「全身透空」的境界。

太極拳在起勢之前便要求有一種狀態，也有將其列爲一式的拳譜，稱爲無極式。要想「有」功夫，必須先做到「無」，即放棄掉原有的僵滯勁力、繁雜思緒，如此才能逐漸進入不同層次的鬆靜狀態。並在「有」產生後，不斷回歸於「無」，在「無形無象總歸無，有無相生有歸無」的感悟中，慢慢實現延年益壽。

如能練到「無」與「空」的狀態，或在漸近佳境的過程中，可以體會到機體哪些部位舒適，內氣在通過哪裡時會產生酸、痛、脹、憋等感覺，待運氣通暢後，感覺自然會從減輕到消失。

佛性認為「真常、真樂、真我、真淨，而真常者，無有常相；真樂者，無有樂相；真我者，無有我相，真淨者，無有淨相」。在體性上是常事，相上是無常，還需要修煉才能領悟，而不在於詮釋。拳法忌「著相」，也就是不追求形式，可以追溯到佛教教義。而不著相，是不是就意味著無呢？佛教也不認同否定一切的態度，而主張「真」。

練到一定階段後，更要強調無極的重要性。根據依然是太極拳的原理，無極而太極。周敦頤在「太極圖說」中提到：「陰陽一太極也，太極本無極也。」只有先「無」，才有後「有」。在渾然空寂的狀態下，真氣才會升成，自然而然地在意的導引下帶動軀體運動，四肢百骸一動無有不動，進退開合，節節貫串，如江河奔湧、連綿不斷，無斷續、凹凸之弊。如此，才可達到養生之目的。

內功的種類、方法很多。其中，無極狀態是進入功法的前提和關鍵。根據要求，修煉者應達到物我兩忘，一切皆空的狀態，在潛意識中還要回到嬰兒狀態，以實現腹式呼吸。因為，許多疾患、不適都來源於神耗氣傷，沒有留意還原為「無」的境界。一味在「有」的天地裡馳騁，不知「有」本生於「無」，不回歸「無」，便成無源之水，無本之木，乾涸與凋零是遲早的事。

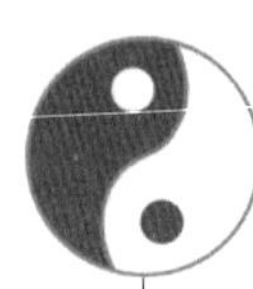

虛靜、淡定、立中這些無爲現象，是太極養生的根基，太極拳屬於形神兼備的修煉，必須感悟著心法練性的重要。人體衰老與否，除了體魄與內臟機能的衰退外，主要在於精神、心境的萎頓。人們常說：「笑一笑，十年少，不無道理。」

習練者需要解決的有兩個問題，一是如何能做到「無」，這需要一步一步逐漸按階段練習，最終都可以做到，只是時間、程度有所差別。二是無中生有以後如何發展，達到「無」以後，必然會生出「有」來，有又必須回歸到無中去，不斷地生，不斷地回歸，這才是太極拳之所以具有強大技擊與養生功能之所在。

前人拳法要求：一動無有不動，指的就是氣動，而不可能僅是形動。一個小手指也能調動起全身的氣流、能量，達到健身之功效。同時，氣又不能盲動，要合規矩，開始以形帶氣，從簡到繁，及至形不動，意念也可調動全身經絡、氣血由淺入深，由表及裡，由弱漸強地運行。

這種練法的特點與技擊用法的內氣走勢有所不同，養生練法更爲自如、自在，更強調舒適，內氣主要由意念調動，游走於自身的器官、臟腑、經脈、神經等各大系統之間，更關注自身內部設施的正常運行與異常不適，及時修復、增強體質。爲了達到這一目的，首先要將調動自身潛能的動力加強，內氣人人有，而且越練越多，甚至可以達到難以想像的程度，以致發揮巨大的養生功效。

（三）養生練法應注意些什麼？

養生練法主要應注意內修外養。對於生命科學的研究，近來已經出現兩個截然不同的理論。一爲生命在於運動，一爲生命在於靜止。雖然各有道理，卻讓一般人有無所適從之感。而太極拳恰恰綜合了二者的特點，起到動中有靜、靜中有動的作用，因爲，動與靜是養生的兩個面，過分強調任何一面都對健康不利。比較極端的例子：如運動猝死或肌肉萎縮已不罕見。

太極拳之所以有內動、外動之別，就是在貌似靜止的狀態下，仍然存在悠長不斷的內動，故有動亦靜、靜亦動之說。靜止是現象，是相對的，運動是內容，是絕對的。內動即緩解了過度疲勞，減少了運動時間、減輕了壓力，又可見縫插針地實現運動帶來的養生效益。

太極拳對養生發揮作用的基本理念，總括起來即陰陽平衡。而達到陰陽平衡的途徑，又分修煉無形功能與有形功能。

無形功能練精、氣、神，使人具有創造世界的萬物之靈，也就是指煉氣化神。如果沒有了精、氣、神，那就只能稱做軀殼。關於精、氣、神，古今著述已有多種解釋，《丹書》說，精指的是「陽中之陰」，「精是氣之母」，由此看來，精是產生氣的基本要素，或者說是物質基礎，也就是日常飲食、起居以及先天遺傳基因所奠定的身體素質。《淮南子》云：「是故血氣者，人之華也；而五臟者，人之精也。」精是指有形機體中的精華部分（劉長林的《中國象科學觀》）。人的身體好，氣就足，身體弱，氣就衰，中醫診斷病情要根據氣血盈虧。

《丹書》說，氣指的是「陰中之陽」，「神是氣之子」，氣是在身體基本素質中產生的，透過鍛鍊，可以增長，並作用於經絡、臟器，反過來影響人的體質，增強「神」，使人的精神能提得起。

《養生辨疑決》曰：「大凡保氣棲神，不可以湛然而得之，亦不可以元然而守之，且神無方而氣常運，形至靜而用無窮。是知保氣者，其要在乎運。棲神者，其秘在乎用……」眾所周知，太極拳就是運用氣和神的拳術。既可技擊，又可養生。對於養生來講，就是應用於性與命的修煉中。現代醫學一般從物質與精神來分析生命科學。古代拳理亦有「性命雙修」的說法，從中也可以看做是物質與精神的雙重修煉。「命功屬陽，性功屬陰。只有性命雙修，才能陰陽合一」。

固然，養生的方法五花八門，為何只突出養氣一法呢？因為，「氣」是人的先天之本，是生命的原動力，並且作為人體潛能，「氣」並沒有被完全開發出來，為人所用，練氣的方法很多，只要適合自己的方式都能練。

有形功能練筋、骨、皮，即便內部修煉的作用再大，那些無形功能還是依託有形功能才能存在，有形功能不僅作為載體，更是相互補充、不可分割的整體。比如，人的氣虛、精虧會反應到人的內臟與外形上，反應到頭髮、牙齒、骨骼、肌肉上。同樣，形體的強弱也會影響到精、氣、神的充沛與否。因此，只練內不練外是不全面的。而有形功能主要由拳架的熟練、到位來養成，最終達到內外兼修的目的。

（四）如何理解氣？

傳統太極拳要領之一中「以意導氣，以氣運身」的

氣，古人專有一個「炁」字表述這個氣。用孫老師的話說：「它不是喘氣的氣，慜氣的氣，生氣的氣，不是胸中之氣，不是腹內之氣，是鬆出來的氣。」還有人認爲是元氣、真氣、靈氣或生物電、能量流、流體能、生物等離子體場、生物輻射信號、生物磁場、人體電能等，是一種頻率很寬的生物電磁波，具有自身的頻率和光譜。人體輻射場包括了頻率很高的電磁波，其範圍覆蓋了中、遠紅外，亞毫米波，毫米波的寬廣譜域。同時，一個物體的發射光譜與吸收光譜相同。這種物理的頻率的光譜及參數綜合物爲「生物頻譜」，根據這一原理發明的頻譜儀、飲水機和其他頻譜的物品，已被廣泛瞭解、接受。

太極拳養生練法屬於較高層次的自然療法，根據這一原理同傳統醫學中氣功、按摩、針灸類似，無論稱謂如何，氣是一種物質，還可能是多種物質的綜合體。總之，科學證實「氣」是物質，不經過儀器看不到、摸不著，但確是客觀存在（圖一）。

太極名家把氣分爲五種：中氣、血氣、橫氣、惰氣、逆氣。指的是運氣時的心態和分寸，更多的說法是氣分陰陽，先天之氣爲純陽，後天之氣爲純陰。內練一口氣，內練精、氣、神，指的都是練純陽之氣。因爲氣源存於體內，太極拳調動它的能動性，以意念和體內運動引導出來爲人所用，無論養生、技擊、自助、助人，均可起到巨大作用。

「1970年，美國病理學家鄧肯將6個生命垂危病人放到一張特殊設計的床上，觀察病人死亡前後的變化。他驚奇地發現：人在死之前後體重會突然丟失21克重量。」在

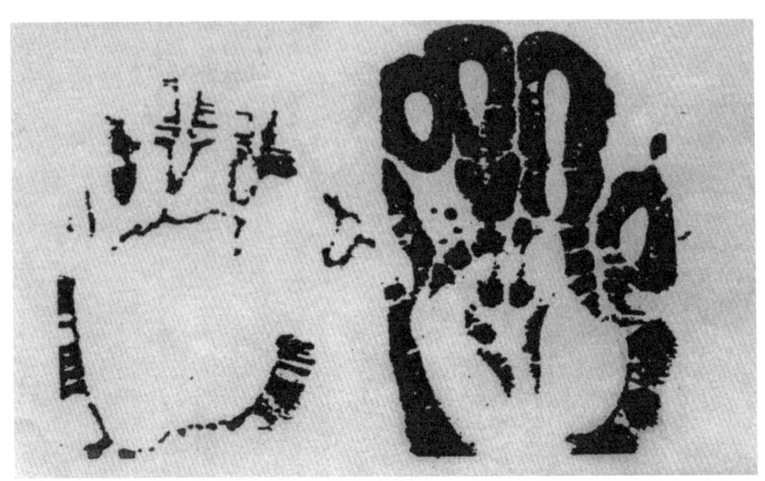

圖一

左圖：手在病態函數下向外輻射的頻譜信息不規則

右圖：手向外輻射的頻譜場正常

西方，這被設想爲靈魂的重量。中國哲學認爲，宇宙萬物都是虛和實的統一，在一虛一實中天地變化流轉，生生不息，虛爲氣之本，實爲氣之凝聚成形。無論虛實，氣皆可以自由通透（劉長林的《中國象科學觀》）。正如俗語所說：「人活一口氣。」這種古今中外都在探尋的神秘物，應該就是太極拳所練之「氣」。

老子論「道」：視之而弗見，名之曰微。聽之而弗聞，名之曰希，指之而弗得，名之曰夷。三者不可至詰，故捆而爲一。在我們看來，這種無跡象，無聲音，摸不著，沒有形狀，無從推理考實，而且渾然一體的東西，不正和我們認識的「氣」十分相像。趙台鼎在《脈望》中也曾說過：「氣有清濁，太和妙氣，生天生地，強名曰道，道即氣也，氣即道也。視之不見，聽之不聞，博之不得，乃清虛中清陽之氣也。」如果這樣理解，氣的作用就很大，值得各有關學科研究揭示其真象。

這與太極內功通出體外，給對手造成強烈影響和作用的現象，非常容易引起聯想。正是這種聯想使我們感覺大家尋覓的是一種物質，這就見太極拳練到高層所體現的神、意、氣混元物。其具有很強的穿透性、疏導性、相融性，能運動體內臟器，能通出體外，能接引大自然的同類物質。

在太極拳練習中，不僅精神的鬆弛、開放有益於「氣」的養成，而且「行氣、服氣一類的修煉能使人體內形成氣淵。人與氣充分交融，會受到氣的特殊陶冶和薰染。氣不遠而難極（《心術上》），博大而精深，柔順而剛堅，虛極故無所不包，無所不潛，無所不通。因此，人們通過治氣不僅健身，而且還會感受並吸收氣的這些品性，從而促進自己的身心健康和提高精神素養。

（五）氣與養生

道家與道教把氣對人體的作用，看做生命的本源。莊子說：「人之生，氣之聚也，聚則爲生，散則爲死。」道家不僅發現了氣，發現了氣的價值，還將它應用到養生健體上。

魏晉道書《黃庭經》主張固精練氣，是內丹派養生說。所謂內丹，則與後來的氣功相似。《黃庭內景經》云：「仙人道士非有神，積精累氣以爲真。」由此可見，煉精、養氣、還神之說，從古至今就是東方養生之本。

《黃庭經》說：「而內丹之八瓊者，乃真一之水，即還丹之玉液是也。」「太上隱環八素瓊，漑益八液腎受精。」也就是透過練功，增加調氣咽津之節次。此書首次闡明「神以氣爲丹，氣以形爲舍、煉氣成神、煉形成氣」。王羲之書《黃庭經》換鵝的事，說明《黃庭經》在民間已有相當大的知名度。

瞭解到練氣的重要性，就要透過某些手段來實現。因此，莊子學派更進一步向養生煉形、企求長生方面發展，在《莊子》的外雜篇中，就有這樣的說法：「吹呴呼吸，吐故納新，熊經鳥申，爲壽而已矣；此導引之士，養形之人，彭祖壽考者之所好也。」由此可以看出，以導引內氣的方法來養生保健，是我國古已有之的鍛鍊方法。

但是，道家主張的是恬淡無爲的養神之道，並非勞形自累。因此，《在宥》篇中，廣成子給黃帝講治身長生之道說：「吾語汝至道，至道之精……必靜必清，無勞汝形、無搖汝精，乃可以長生。目無所見，耳無所聞，心無所知，女神將守形，形乃長生。」而莊子自身的養生之道則是：「我守其一處其和，故我修身千二百歲矣，吾形未嘗衰。」關於守一的說法很多，發展到明代，陸西星在《南華真經副墨》中說：「何謂守一？老子云，得其一，萬事畢。所謂一者，先天真一之氣，即所謂天地之精，亙藏於陰陽之宅者也，何以守之？亦曰慎內閉外而已。何謂處和？處和者，調陰陽氣序之和也。……和，即丹家所謂火候也。也即丹家所謂藥物也。以之修身，則形神妙而道合真矣。」由此可見，《莊子內篇》以「道」解釋的養生方法，在《莊子外篇》則以「氣」來解釋。這就爲我們尋求太極理論的源頭，開闢了一條通道。當然，對這類古代的養生術需要作深入的探索，並通過科學驗證，分析其有無可行性。

人和宇宙萬物一樣，要保持其生機，必須進行自身的出入升降運動。南朝道學家陶弘景除了著有大量醫藥專書外，也很強調導引術。宋晁公武在《郡齋讀書後志》中形容，他的《導引養生圖》分三十六勢，「如鴻鵠徘徊，鴛鴦戢羽之類，各繪像於其上」。由動搖關節，流通血脈，促進深呼吸。這種以形體運動引導疏通內氣的練法，應該對後世的太極拳形成有一定的影響。

東漢晚期的魏伯陽著有《周易參同契》，此書被稱爲丹經之祖，著重於丹術和養生的理論。《周易參同契》說：「人所稟軀，體本一無，元精雲布，因氣托初。」若「元氣去體」，生命就此終止了，「須以造化，精氣乃舒」，這些表述證明了道教把「氣」看做生命之源、生命之本。修身養氣的理論進一步得以強化，必然影響到各派修煉者。《周易參同契》介紹養生三術時有：「行氣導引，俯仰屈伸，服食草木，可得延年。」之說，形象地描述了漢代的健身方法，從中不難看到內功與肢體運動相結合的拳術影子。

《周易參同契》之所以被譽爲古丹經之祖，因爲其不僅注重外丹，也注重內丹，與太極內功的練法相似。而《周易參同契》的來源，仍未離開「道法自然」和「效法天地」的軌跡。所以，其中不乏包含自然規律的內容，值得今人認真學習和研究。

關於神、意、氣之間的相互作用，中醫的說法是「喜

則氣和志達，榮衛通利」。人在鬆、靜、自然之際，氣血得以暢通，會產生一種舒適感。因此，太極理論認爲：「一身舒適萬法宗。」就是衡量拳法的正確與否，可以與美感的獲得相互印證，也就形成了精神與肉體的良性循環。反之，「氣能養人，氣能傷人，氣能死人」。不良的精神狀態反過來可以破壞人體機能的平衡，產生不適和疾病。涵養道德與養生健身有著直接的聯繫，健康長壽是正確修煉的結果，而並非虛擬目的。因此，從養生練法上講，無論套路、內氣、呼吸等都要本著自然狀態的原則，徹底開放、鬆弛，既包括身體，也包括精神，並從中找到最切合自身的通達和舒適狀態。

在道家理論的基礎上，西晉葛洪將其發展爲道教的「玄」學，以及崇尚虛誕神怪的真一之道，這是太極拳所摒棄的無稽之談。太極拳所吸收的古代文化均具可操作性，能夠在身體內有所感受和體現，如無極狀態、陰陽相濟、內外相合、一動無有不動等要領，均來自樸素的道家哲學。但葛洪對於氣生天地萬物及對形神關係的論述，都被太極理論繼承下來。

葛洪說：「夫有因無而生焉，形須神而立焉。有者，無之宮也。形者，神之宅也。故譬之於堤。堤壞則水不留矣。火之於燭，燭糜則火不居矣。形勞則神散，氣竭則命終。」此處講了一個通俗的唯物主義觀點，即精神依附於形體，二者具有互濟互惠、相互依存、相互作用的關係。而形體是第一性的，不僅與拳法理論相合，與古代中醫的理論也是類似的。

中醫經典也將氣視爲生命之根本。《黃帝內經素問》

說，所謂五藏者，藏精氣而不瀉（泄）也。

黃帝曰：「余聞上古有真人也，提挈天地，把握陰陽，呼吸精氣，獨立守神，肌肉若一，故能壽敝天地。暴樂暴苦，始樂後苦，皆傷精氣。精氣竭絕，形體毀沮。」

《靈樞經》中說：「營衛者，精氣也。調陰與陽，精氣乃光。人能保身中之道，使精氣不勞，五神不苦，則可以長久。」

對於精氣的愛護、涵養，是養生的關鍵，這與養神的說法也是一致的。河上公曰：「常道當以無爲養神。」不外乎清靜無爲，清心寡欲。河上公亦曰：「人能養神則不死，神謂五藏神也。肝藏魂，肺藏魄，心藏神，脾藏意，腎藏精與志，五藏盡傷則五神去。」

據說武當張三豐就說過：「欲天下豪傑延年益壽，不徒做技藝之末也。」

除了與「氣」的關係外，太極拳的形體運動也與道家和道教的學說有關。關於形體的鍛鍊，道家歷來都強調保神，特別注重內臟功能，「至於九竅施爲，四肢動用，骨肉堅實，經脈宣行，莫不導源於五臟，分流於百體也」。又說：「而五臟者，人之精也，血氣者，人之華也。」

太極拳透過練內氣來達到養生的目的。內氣有那麼重要嗎？在中醫看來氣比血更加重要，因爲萬物生於氣，並不生於血，人生病，大多爲氣的阻滯、不暢所致。中醫治病，首先要調整氣運和疏導氣路，氣通暢了，疾病自會痊癒（李和生的《內功解秘》）。

如同技擊練法首先強調「鬆」字一樣，養生練法也先要練鬆。根據中醫理論，病痛的根源在於「滯」，包括氣

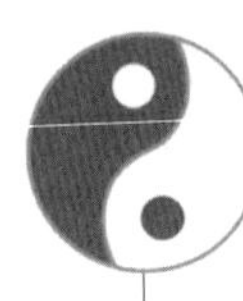

滯、血滯，陰陽失調等。鬆的目的就是「通」。鬆不僅僅是不用力，而是調動、疏導內氣，帶動體內器官經絡、循環系統的運動，減緩、解除「滯」，從而順利進入「靜」與「自然」的訓練階段。

而陰陽的平衡，要在日常的飲食起居、情緒、寒暑等方面加以調節。五行在拳術中看似不同方向的運動，實則包含有氣的不同動向，並與大自然之氣的動向相符。如春屬木，有散發之氣；夏屬火，有上延之氣；秋屬金，有內斂之氣；冬屬水，有下降之氣。而季節過渡期屬土，在平衡之氣，故有四季不離土之說。在不同季節，練習相應的內氣走勢，就會產生事半功倍的效果。同時，五行的生剋制化，與陰陽的結合，也都體現在拳術中。所以太極拳的練法主要在保持、協調各方面的平衡，包括人體內部、人體與大自然之間、人體與社會及生活之間的平衡，無論是內功訓練還是生活習慣，都要依靠自身的努力才能完成。

（六）如何理解經絡？

太極拳養生，主要靠的是以氣運動經絡。經絡是中醫診斷、治療的依據，是人體內部連接特定穴位的一些通道，分爲經脈和絡脈。經脈是主要幹線，絡脈是分支末端形成整體網路，連接著所有臟器和人體組織。經絡圖中標的主要是經脈。

過去，由於科技水準和設備的限制，不能用現代科學實證來說明經絡，使經絡學研究徘徊不前。近年來，上海復旦大學相關學者終於由先進的科研手段，取得了經絡存在的具體證據，這對太極拳養生功能的研究很有幫助。

經絡由穴位組成，人體包括52個單穴，300個雙穴，50個經外奇穴，共720個穴位。在穴位和非穴位的骨間膜上，研究人員發現，穴位上的7種元素：鈣、磷、鉀、鐵、鋅、錳、鉻，與非穴位含量之差有40～200倍之多，並且，它是由不同蛋白質分子構成的生物液晶態物質。而晶體結構的物質，對聲、光、電、熱、磁等都具有特殊傳感功能。這一發現，僅限於中醫經絡理論中天、地、人三個層次中的地層。無限廣闊的經絡研究空間還有待於更進一步的開拓。

手三陰、三陽經與足三陰、三陽經統稱爲正經，相繫於十二臟腑。因分佈於上下肢內側而歸爲陰經，屬於心、肝、脾、肺、腎與心包；分佈於上下肢外側、頭面及腰背部而歸爲陽經，屬於膽、胃、大腸、小腸、膀胱與三焦。此十二經脈合稱正經，還有八條奇經，分別爲任、督、衝、帶、陰蹻、陽蹻、陰維、陽維，可起到貫串聯通十二經絡的作用。

經絡、穴位雖然看不見，摸不到，卻具有不可否認的物質性。近來中國醫學科學界已經利用先進的科學儀器，加以測定、驗證。在螢幕上顯示的經絡表面和走向與古代標注的經絡圖大致相同。

在此基礎上，太極拳養生之謎便可以破解。既然經絡是物質性的，看不見，摸不著，要想對其產生影響，便要利用另一種人體內部的物質——內氣。內氣對經絡的良性作用，就是太極拳練法的真正目的和效果。太極拳養生、防病、治病並不神秘，它是一種既通俗又高深的科學現象，是正確認識自身、養護身體的便利手段。

開始學習時，有些要領、方法需要牢記。以後，自然、自由、自在才是應該追求的境界，這是最有利於健康的身心狀態。

中、西醫都講究心情、情緒、心理因素對肌體、臟器和各大系統的影響。從現代醫學研究的成果看，精神也是物質性的，它反作用於經絡，既可起到疏通作用，也會引起中醫所關注的「滯」。

經絡不暢引起的病痛，是許多現代醫療手段難以處理的，只能從根本上，也就是從經絡、精神上消除病灶。因此，太極拳練習中產生的身心互濟，自然、自由、自在的身體狀況和精神狀態，就是通往健康大道的不二法門。當然，也可以透過其他手段進入此種境界。太極拳只是一種方便、易行的手段而已。

（七）練功時的最佳心態是什麼？

太極拳在起勢之前，便有對心態的要求。行拳過程中要求保持良好心態，一方面可以直接影響到行拳的姿勢、步法、氣勢，另一方面可以輔助形體鍛鍊，達到深層次的養生目的。

心理對於生理的影響是不言而喻的，其相互作用也是明顯的。去除雜念，一心練功可以增強體質，體質的好轉也可以促進精神的放鬆、昇華。太極拳主張形神合一。能夠達到這一境界，便可收穫到練習的成果。

起勢之前就要求去除雜念。雜念不除就做不到靜與鬆，腦子不放鬆，其他部位都無法徹底放鬆。不靜則精神難以集中，行拳不穩，就談不上用意念去帶動形體和內

氣。至此，便進入煉神還虛層次。

在太極拳法中，動與靜是相輔相成的，動中求靜，靜極生動。這個動不僅是外形的動，還有氣血的動。達到這種動，才可達到太極拳的真正功用。雜念不僅亂拳，而且傷人。

道教經典《小有經》曰：「多思則神殆，多念則智散，多欲則損志，多事則形勞，多語則氣爭，多笑則傷臟，多愁則心懾，多樂則意溢，多喜則忘錯昏亂，多怒則百脈不定，多好則專迷不治，多惡則憔煎無歡，此十二多不除，喪生之本也。」《管子》認爲：「凡人之生也，必以平正。所以失之，必以喜怒憂患。」既然情緒心智可以導致生命的盛衰，調整心性必然成爲養生練法的重要方面。這也是太極拳將古典醫學攝生原理應用於實踐的一大貢獻。

太極拳要求去除雜念，就是要求行拳時排除不當欲念情緒的干擾，專心致志地練拳。久而久之，養成少思少慮的習慣，增進身心健康。俗稱「五勞七傷」中的五勞，即志勞、思勞、心勞、憂勞、疲勞，其中四項是勞神，一項是勞身。可見精神負擔對人體的損害有多大。

佛教六祖大師說：「世人心邪，愚迷造罪，口善心惡，貪瞋嫉妒，諂妄我慢，侵人害物，自開眾生見；苦能正心，常生智慧，觀照自心，讓惡行善，是自開佛之知見。」「開佛知見，即是出世；開眾生知見，即是世間。」

在行拳過程中，許多要領，如中正安舒、以意導氣、綿綿不斷、節節貫串、鬆靜自然、內外相合等都要靠心態

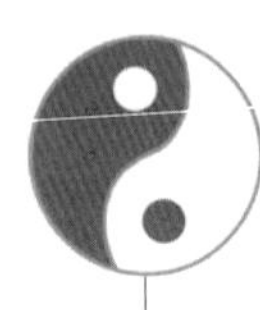

的調整。去除雜念短時間容易，若要貫串行拳始終就比較困難。諺語云：「心治則百絡皆安，心憂則百節皆亂；心樂則百年長壽，心悲則百病纏身。」古代《黃帝內經》亦有「憂恐忿怒傷氣，氣傷臟」的記載，體現了心理因素與肌體臟器的關聯。

情緒上的緊張會導致人腦和內分泌系統活動紊亂，從而發生意識方面的障礙及其他症狀。這也從一個側面說明，有人稱太極內功為心經的道理。

要把清心寡慾、虛靜專一貫徹到主體與客體、主觀與客觀所有的現實關係中去，在實際生活中錘煉自己的心身，以使形體與心性、自然生命與道德生命同時得到提升（劉長林的《中國象科學觀》）。

氣對人體雖然是生命之源，但它鬱結在哪裡，哪裡就會出問題。氣的壅滯與多種原因有關，如寒冷、代謝不暢、壓力、焦慮等。其中，精神緊張是很重要的原因之一，故有「思則氣結」和「思傷脾」之說。

因此，太極內功能否練成，要看能否放鬆精神，精神不鬆，內功就出不來。也可以說，在找尋內功的同時，也調理了精神。特別是練功後期再遇上不順心的事，想發火生氣時，會不由自主地掂量：這對內功有益嗎？值得嗎？再運功引導一下上沖的內氣，就會躲開一次傷身的經歷，保護了身體，也加強了功法。這對於改進國民性，提升民族形象不無裨益。

太極原理之所以博大精深，並非在於它的科學性、物質性，還在於它涵蓋了豐富的精神內容和文化底蘊。從「無極而太極」和「太極分陰陽」的理論基礎起始，衍化

出無窮盡的與之相應的理論，包括天文、地理、哲學、醫學、武術、軍事、政治等許多領域。也總結出符合自然規律與社會規律，便可「無所不爲」和「物極必反」等哲理。

在日常練功中，大家雖然練法一樣，但每個人身體需調節的內容不同，感覺、進程也有所不同。常見有拳友到處尋訪他人的捷徑，而非專注於自身訓練。眼看別人長功，恢復健康，反而心慌意亂，不知如何練更好。其實，只需針對自身特點，加強對自身不適的調整，心平氣和、鬆靜自然地練拳，自然會有屬於自己的收穫。「意重則滯」是指技擊中的一種弊病。如聯繫到養生上，意重也是一種應該防備的精神負作用。最典型的例子就是：一家醫院填錯了病人的化驗單，結果被誤認爲癌症的人，沒病卻被嚇死，而真正有病的卻存活了下來。因此，最好不要強求一致，特別是以養生爲目的時。

最近，美國科研人員公佈的研究成果顯示，在困難面前，越樂觀越有利於「好膽固醇」的增加，這種高密度脂蛋白膽固醇可減少動脈硬化程度。

從而可以看出，太極功夫，修煉到深處時，不僅會在生理上起到良性作用，而且在心理上也會起到良性作用，使人心胸開闊、識禮明德。

據說《道德經》是零到一的學問，《易經》是從一到二的學問，二者的結合就是太極理論的基礎。

太極理論用於拳法，是傳統文化的應用，對於修身、養性，提升精神境界都有實際的意義。因此，太極拳的養生之道，不僅作用於生物性的人，而且作用於社會性的

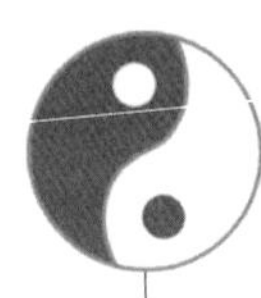

人，使人逐漸脫離非自然、非和諧的生理與思維狀態，回歸到符合規律的生命狀態，取得修身、養性的善果。老子說：「天物芸芸，各復歸於其根，曰靜。靜，是謂復命。復命，常也。知常，明也。」這其中不僅表明清靜無爲的思想，也說明了事物本性與順應自然的關係，認識自然規律，復歸於靜，才是明智。

所以，陳鑫提出：「先洗心滌慮，去其妄念，平心靜氣，以待其動。」的要求，也是本著道家思想體系，通用於各家太極拳的基本要點。

（八）練太極拳爲什麼可以改善情緒、心境、性格？

人的情緒、心境多操控於人對事物的看法，看問題的方式。從太極拳的原理看，一招一式無不走陰陽、虛實、開合等。古人習慣將天地大宇宙與人身小宇宙類比，認爲天地一太極，人身亦一太極。

《黃帝內經》說：「陰陽者，天地之道也，萬物之綱紀，變化之父母，生殺之本始，神明之府也。」這裡既有循環的觀念，也有一切事物具有對立屬性，變化屬性，對立又統一，相互轉化的思想。

在古人看來，陰陽本是宇宙與人的運動規律，引導術、運氣學所要闡述的是實實在在存在著的氣。如果生活中使用辯證法，每日的鍛鍊，就會使辯證地看問題成爲習慣，從而減輕片面性帶來的苦惱。

身體的隱形不適也會影響情緒。人體內部的幾大「管」與「道」，消化系統、血液循環系統、呼吸系統、神經系統、經絡等，如有不通、不暢，都會引起身體的不適，外表看不出，感覺難受，又很難治。太極拳從肢體到內氣的運動，堅持下來，就能解決、緩解「滯」的局面，減輕痛苦，心情自然會好起來。

佛教認爲，人的苦惱是由貪、瞋、癡、慢等念頭過強招致的，要透過戒、定、慧等修性過程來調理。

太極拳講究的是「無過不及」，練的是恰到好處地控制自己。既然形體、內氣、意念都能控制，並由此產生中定的功夫，不僅定形體，而且定精神、定內氣，以達到全面昇華的目的。

道家名篇《河上公章句》中有許多養氣、健身之說：

治身者愛氣則身全。

治身者呼吸精氣，無令耳聞。

治身者當如雌化，安靜柔弱。

治身者當如除情去慾，使五臟空虛，神乃歸之。

治身者輕躁，則失其精。

治身者躁疾，則失其精神。

治身者不害神明，則身華安而大壽。

治身者煩則精散。

治身者若嗜欲傷神，貪財喪身，民不知所畏也。

法道無爲，治身則有益精神。

《河上公章句》的治身之術，目的在養生，「當湛然安靜，故能長存不亡。魂靜志道不亂，魄安得壽延年。保此長生之道，不欲奢泰盈溢。能安靜者，是謂復還性命使不死。復命使不死，乃道之所常行也」。

「德不差忒，則長生久壽，歸身於無窮極也。中士聞

道，故得長生也，治向以長存，和氣潛通，爲人子孫，能修道如是，長生不死」。都說明了養生與精神狀態的密切關係。

常見一片樹葉，因爲經脈不通，水氣供應不上，便會萎焉、枯黃、乾透、掉落。人的氣血不通，細胞得不到營養的循環代謝，自身筋疲力盡，病毒細菌、空氣污染等外部物理、化學干擾也會趁機侵入。氣血不通、不暢會影響人的情緒、性格。練拳不光純粹練精神，也是爲練神提供一定的物質保證，即強身健體，調理內臟、經絡，從而使氣血充足起來，促進精神方面的良性循環。

每一個人在不同階段還會出現低潮期，一般表現在體能、情緒、感受、腦力、反應等方面，這是自然現象。在這樣的階段，有的人功力也會退步，甚至突然焦慮完全找不到感覺。根據資料和實踐經驗，此時不必硬練，只需按部就班輕鬆練習，重新回來的功力便會上一個臺階；也有另種說法，這是長功力的表現之一。

許多文獻已有明示：什麼樣的人打什麼樣的拳，同樣打什麼樣的拳也能培養什麼樣的人。拳在精神領域裡對人的影響和指引是很重要的。

對於精神的修煉，可分兩類：一類是引導拳理的實際應用，即修煉物質體時，用精神作用於內氣，再由內氣達到修身的目的；還有一類指的是對於拳理的領會，使自己的精神狀態進入適合養生、益壽的層次。由這兩類堅持不懈的修煉，實現「益壽延年不老春」的理想。

正如事物都有自己的規律一樣，太極拳養生練法也有自己的規則，需要一步一個腳印地練習，在具有一定基本

功的前提下才能有下一步的練習與體悟，真正把技能練到自己身上來。急於求成，跨越訓練階段，往往欲速則不達。特別是養生練法，一定要密切結合自己的特點和身體條件，否則，不僅事倍功半，還會因勉強過度地訓練導致難以克服的偏差。

修心養性就先從按規矩練拳開始，如此不僅可以益智、陶冶情操，而且可以調節出健康的心理、優雅的氣質與高尚的追求，既修身又養性。

（九）誰該對你的健康負責？

有的人已經習慣於把自己的健康寄託於他人。小時候，有病靠父母；到老年靠家庭和社會。隨著社會的進步，人的文化素質的提高，越來越多的人認識到健康是自己的事。

有的人只憑感性安排飲食起居，特別是經過物質匱乏和經濟拮据時期以後，在目前食品豐富多彩和經濟允許的情況下，只圖一時之快，產生的後果完全推給了不堪重負的消化系統、血液循環系統和神經系統。還有的人超負荷支配自己的時間、精力，似乎取之不盡，用之不竭。其實，人的體力腦力都有極限，過分消耗，必然產生病變，導致夭折。上述這些「拼命」精神，多半來源於某種理想或對於物質生活的追求，倘若失當的行為遭到精神創傷，更加直接地衝擊自己的身心健康。

許多醫學人士和健康專家都對此進行了反覆勸戒，舉了無數慘痛的實例，但是仍有層出不窮的現象。根本原因還在於有人把自己的健康當做別人的事，認為應由醫生、

家庭、社會負責，不該由自己來負責，也不知道該怎樣負責。

如何增強健康是日常生活中到處存在的問題。比如飲食、作息、情緒、鍛鍊等。如果調理不好、生了病，除了醫藥以外，也還是要靠自身的科學生活方式，才有益於健康的恢復。

《道機》曰：「人生而命有長短者，非自然也，皆由將身不謹，飲食過差，淫穢無度，忤逆陰陽，魂神不守，精竭命衰，百病萌生，故不終其壽。」

在一般情況下，生命與健康主要是掌握在自己手裡。因此，正確的生活態度與生活方式就顯得尤爲重要。太極拳教人學的是形體鍛鍊和心靈的修養，認真實行都可起到養生的作用。但是，如果不養成好的生活習慣，僅靠太極拳也無回天之力。老子曰：「我命在我，不在天。」講的也是這個道理。有些太極拳同道偏重於技擊發功，對養生重視不夠，導致壽數不如側重養生者高，也是值得後來者重視的一個問題。

既然掌握內功首先要養氣，氣又如何來養呢？關於這一點，前人只能指出一個方向，每人有每人最適合的練法，但有一點是相同的：必須靠自己。因此，繼承先輩的功法，不是直接、刻板、照單全收，而要抽出內核，自己親身體會，用實踐經驗，加以比對，不能過於機械、刻板；又不是自我創造，爲所欲爲地練，一定要調動自身的潛能，服務於自身。

養生練法包括兩個方面的內容：一爲健體，二爲修性；也可以說一爲物質層面的訓練，二爲精神層面的訓

練。二者相互交融，相互促進。透過調整形體與精神狀態，促使經絡及循環系統強化疏通，心態趨於平和，並從低層次向更高層次循環運行、擴展。

至於修性方面，古人早把精神與養生聯繫在一起，太史公司馬遷曰：「夫神者，生之本；形者，生之具也。神大用則竭，形大勞則斃。神形早衰，欲與天地長久，非所聞也。故人所以生者、神也。」這正是太極拳主張煉精化氣、煉氣還神的目的，也是太極拳之所以養生的根本所在。

許多人都知道精神狀態與五臟六腑有著密切關係，內臟的病變可以影響人的情緒，同樣人的壞情緒也會損害內臟，好情緒能夠補益內臟。因此，也可以說練拳就是煉人，人在練拳，拳也在煉人。

民間流傳的諺語：「治病，不如防病；療身，不如療心；藥療，不如食療；人療，不如自療。」對於養生很有幫助。太極內功就包括防病、療心、自療的內容。

在練氣過程中，有時也會出現排毒反應和長功反應。常見的反應爲局部的刺癢、疼痛、酸脹、痲木、寒冷等感覺，這些都是通氣時的正常感覺，與身體不適有別。過一階段時間便會減輕或變化，不必驚慌。如確有病痛，阻滯之處，局部也會產生疼、癢、刺、熱等感覺，經過鍛鍊應有所改善，如無變化，還要由醫生確診，以免延誤病情。太極拳屬於體育項目，如能練出內氣加以合理運行，對防病、控病、養生均有益處。但不可能包治百病，已經確診的疾病，還要繼續求醫問藥。

沒有確診的疾病，要早期診斷，任何事物都有局限

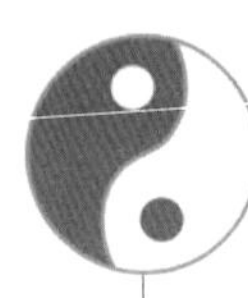

性，過分迷信不符合太極精神。

最大的敵人是自己，最大的幸福是健康。沒有人會拒絕健康，但有人會不經意間拒絕健康的生活方式。因此，許多疾病會找上門來，太極拳從內容到形式都給人指出了健康之路。如果認真學習太極理念，掌握拳架套路及內氣運行方法，就會找到一條經濟、便捷的健康之路。使人改變日常習慣的下意識生存狀態，自覺尋求更理性、有效、有力的防病手段、養生方法，實爲不易，需要長期堅持才能收穫碩果。

凡是習練太極養生功夫的人都可以不斷深造，肩負起傳承中華文化瑰寶的歷史使命，太極拳以其獨特的魅力和深邃的文化內涵享譽世界。但是，與其他學問不同，僅靠文字和聲像傳播不行，需要以生命爲載體繼承下來，言傳身教，潛心鑽研，太極功夫要靠艱苦持久的訓練方能成功。

新中國成立以後，太極拳的功能也從以技擊爲主轉向以健身爲主，尤其是單位、團體組織的太極拳練習，目的很明確——鍛鍊身體。特別是楊式太極拳大架，已被群眾廣泛接納爲體育項目，太極拳的養生功能已經深入人心，並取得了公認的成效。

至於太極拳由什麼途徑達到養生目的，怎樣練習更有利於人體健康等深層次研究尚未得到應有的重視。近來，隨著社會經濟的發展，太極拳養生功能日益受到有識之士的關切。有關論述和專著可以說明，揭示太極拳養生奧秘的工作正在開展。人體內在的積極能量將被充分認識和開發，將成爲造福人類的取之不盡、用之不竭的生物能源，

這種趨勢在世界上正產生越來越大的影響。

目前，很多國家已經認識到，全民健身比競技體育更有價值。

由人口、經濟等各種壓力造成亞健康狀態人數增多，各種疾患威脅著人們的健康與壽命。而世界衛生組織研究成果顯示，「在人類健康長壽影響因素中，現代醫療的影響只占8%」，因此，提升自我調節能力，增強免疫力，成爲擺在每個人面前的迫切需要。

自古以來，傳統的養生方法就很多，尤其注重「氣」的調養。因爲道家將人與自然、人與人、人的身心都看做一個整體，其中的媒介就是「氣」。因此，養生的核心就在於養氣，氣養足了，可以增強自我調節能力，能力達不到的，才求助醫藥。即便已經借助醫藥，養氣也會起到輔助醫療的作用。

養氣的方法很多，太極內功只是其中一種。由於其普及面廣，又有推手、技擊等引導人們興趣，體現明顯，突出的效應，更爲廣大群眾易於接受。但是，任何事物都有一個度，超過這個度就會向相反方向轉變，太極內功也不例外。

爲什麼古人練功可以長壽，現在有些人卻功夫見長壽命不見長呢？原因就在於過了度。練得適度不會有疲勞、多汗、氣喘等現象，更不能廢寢忘食，走火入魔。

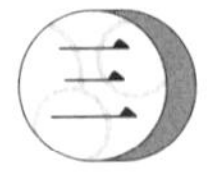

三 楊式太極拳大架套路拳譜

預備（無極勢）
（一）起　勢
（二）攬雀尾
（三）單　鞭
（四）提手上勢
（五）白鶴亮翅
（六）左摟膝拗步
（七）手揮琵琶
（八）左摟膝拗步
（九）右摟膝拗步
（十）左摟膝拗步
（十一）手揮琵琶
（十二）左摟膝拗步
（十三）進步搬攔捶
（十四）如封似閉
（十五）十字手
（十六）抱虎歸山
（十七）肘底捶
（十八）倒攆猴
（十九）斜飛勢
（二十）提手上勢
（二十一）白鶴亮翅
（二十二）左摟膝拗步
（二十三）海底針
（二十四）閃通臂
（二十五）撇身捶
（二十六）進步搬攔捶
（二十七）上步攬雀尾
（二十八）單　鞭
（二十九）雲　手
（三十）單　鞭
（三十一）高探馬
（三十二）右分腳
（三十三）左分腳
（三十四）轉身左蹬腳
（三十五）左摟膝拗步
（三十六）右摟膝拗步
（三十七）進步栽捶
（三十八）翻身撇身捶
（三十九）進步搬攔捶

（四　十）右蹬腳
（四十一）左打虎勢
（四十二）右打虎勢
（四十三）回身右蹬腳
（四十四）雙風貫耳
（四十五）左蹬腳
（四十六）轉身右蹬腳
（四十七）進步搬攔捶
（四十八）如封似閉
（四十九）十字手
（五　十）抱虎歸山
（五十一）斜單鞭
（五十二）野馬分鬃
（五十三）上步攬雀尾
（五十四）單　鞭
（五十五）玉女穿梭
（五十六）上步攬雀尾
（五十七）單　鞭
（五十八）雲　手
（五十九）單　鞭
（六　十）下　勢
（六十一）左金雞獨立
（六十二）右金雞獨立
（六十三）倒攆猴
（六十四）斜飛勢
（六十五）提手上勢
（六十六）白鶴亮翅
（六十七）左摟膝拗步
（六十八）海底針
（六十九）閃通臂
（七　十）翻身撇身捶
（七十一）進步搬攔捶
（七十二）上步攬雀尾
（七十三）單　鞭
（七十四）雲　手
（七十五）單　鞭
（七十六）高探馬
（七十七）白蛇吐芯
（七十八）轉身單擺蓮
（七十九）摟膝打捶（進步指襠捶）
（八　十）上步攬雀尾
（八十一）單鞭下勢
（八十二）上步七星
（八十三）退步跨虎
（八十四）轉身雙擺蓮
（八十五）彎弓射虎
（八十六）進步搬攔捶
（八十七）如封似閉
（八十八）十字手
（八十九）合太極

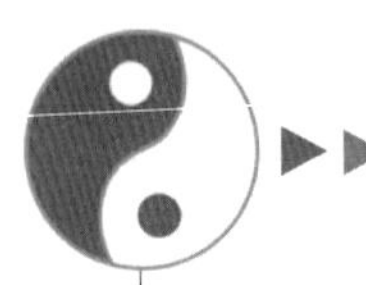

四

楊式太極拳大架套路圖解與養生功能

預備（無極勢）

身體面南而立，兩腳平行自然站立，兩腳如同輕輕立於薄冰之上；兩臂下垂，貼於大腿外側，腋窩空鬆，兩手五指虛鬆、微屈，掌心如同含有氣球，鼓腕、向前下扶按，用意念將兩手心氣球與兩腳湧泉穴合住；目光向前平視，舌抵上腭，虛領頂勁，沉肩墜肘，含胸拔背，鬆腰斂臀，尾閭中正，全身放鬆，立身中正安舒；氣沉於腳與地面之間，意想內氣從頭頂「百會」到「會陰」至腳「湧泉」一線貫通。（圖1）

（一）起　勢

1. 兩腿微屈，右腎氣直落右腳跟，右手如按氣球隨之落下；左腎氣提起，左胯、左膝、左腳隨之提起向左踏出，前腳掌先著地，然後腳跟落實，兩腳與肩同寬，左手心如按氣球也隨著左腳提起、落下。（圖2）

2. 兩手中指根向腳底湧泉穴下鬆沉，引領腎氣經地下

圖1

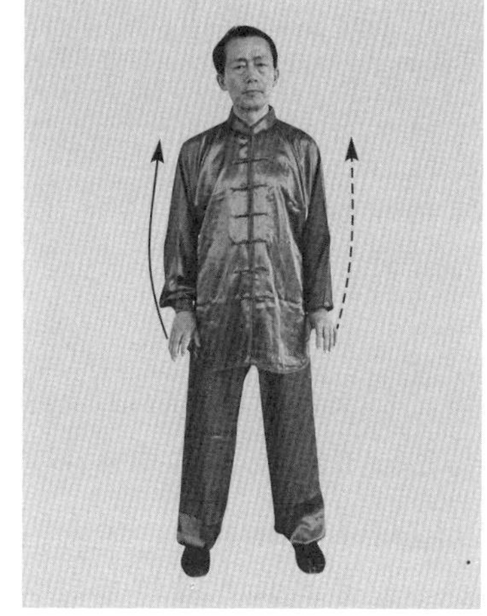

圖2

圖3

圖4

向前、向上徐徐掤起，與肩同高。（圖3）

3. 兩手徐徐按下，與胯同高。（圖4）

【養生功能】

從此式起，無極中便要生出太極來，這便是拳架中的陰陽、開合、虛實、動靜、收放等。動作的目的在於調節經絡，增強體質，因此，內氣以內斂為主，只在體內運行，不要發放出去。

此式中的無極狀態益於調理任督經氣，培養氣感。開腳是對足三陰經的調動，雙手從腹側抬起時，任脈開始起作用，在抬手過程中腹部內氣有所反映，對腹部的臟器起到升降導引作用。

姿勢端正，可增強腿部力量，有利於協調中焦脾胃與上焦心肺的功能。如能加入調息，吸氣時使足三陰經之氣上升，轉注手三陰經；呼氣時，使手三陽經之氣下降，轉注足三陽經，直至腳趾。可達到陰陽調和的目的，但呼吸切勿有絲毫勉強。如做不到，請暫時不注意呼吸，自然、鬆弛最好。

（二）攬雀尾

1. 右腳向右碾轉45°，重心移至右腳，屈右膝；同時，右手以肩爲軸上提經右肩向前畫弧下落，收於右側，手心朝下；左臂外旋，順時針畫弧至腹前，掌心朝斜上方；目視右手。（圖5）

2. 上身微左轉，引帶左腳提起向左前方邁一步，屈膝前弓，右腳後蹬，成左弓步；同時，左手向前伸出，與肩同高，手心朝內；右手以肩爲軸上提收至右肩，向前畫弧下落，收於右側，手心朝下；面向正南，目視前方。（圖6）

3. 身體微左轉，右腳收至左腳內側，腳尖點地，重心

圖5

圖6

移至左腿；左臂內旋，平按於左胸前，與肩同高，手心朝下；右手上提，經腹前向左畫弧至左肋下，手心朝上，兩手成抱球狀；目視左手。身體右轉，右腳抬起，向右前方邁出一步，屈膝前弓，左腳後蹬，成右弓步；隨轉體面向正西，右臂向前掤出，與肩同高，手心朝內；左手沉落於左胯旁，手心朝下，指尖朝前；目視前方。（圖7）

圖7

4. 重心移至左腿，上身稍右轉；同時，右手隨之內旋，手心朝斜下方，左手外旋上提，手心朝上，經腹前伸

圖8

圖9

至右前臂下，隨即兩手朝下捋，上身左轉，兩手經腹前向左後方捋出，左手至左肩側，手心朝上，右手至右腹前，手心朝內；目視左手。（圖8、圖9）

圖10

5. 上身右轉，面向正西，左肘彎曲帶回，附於右腕內側。隨即重心移至右腿，成右弓步；同時，兩手向前緩緩擠出，兩前臂撐圓；目視右手腕際。（圖10—圖12）

6. 上身後坐，重心移至左腿，右腳尖翹起；同時，左手經右腕上方順時針畫弧伸出，右手內旋，兩手平行，與

圖11

圖12

圖13

圖14

肩同寬，手心均朝斜下方，隨即兩臂一齊屈肘、後拉至胸前；目視前方。（圖13、圖14）

圖15

圖16

7. 重心前移，右腿屈膝前弓，成右弓步；同時，兩手緩緩下沉向後收，經腹前向前、向上按出，手心朝前，與肩同高；面向正西，目視前方。（圖15）

【養生功能】

此式包括掤、捋、擠、按四種勁法，集中表現了陰陽開合的辯證關係：「意欲向上，必先寓下；意欲向右，必先向左；前去之中，必有後撐；上下左右，相吸相繫，對拉拔長，曲中求直。」在掤、捋、擠、按過程中，都可以留意做到這一點，對調節氣血陰陽平衡有益。

雙手掤出時，足厥陰肝經可導引元氣上行，從頭部再走，下達足尖，對腦暈、耳鳴、小腦共濟失調症等有改善的功能。兩手上下反覆推出、收回有利於手足三陰三陽經脈貫通，特別是調動手太陰肺經，對增加肺活量和肺、心兩髒氣血疏通有益，並透過對全身氣血的調整，起到疏肝

圖17

圖18

導泄的作用，對中年婦女氣虛、氣短、月經不調有舒緩作用。

（三）單　鞭

1. 上身後坐，重心移至左腳，右腳尖內扣，身體隨之左轉；同時，兩手隨轉體向左畫弧運轉，左臂在上，右臂在下，手心均朝前，隨即左臂平舉於肩左側，手心向下，右手向左畫弧至右肩前，手心朝斜前方；目視前方。（圖16）

2. 重心漸移至右腿，身體微右轉，左腳收於右腳踝內側，腳尖著地；同時，右手內旋，逆時針畫弧至右肩前變爲勾手，沉肩張肘向後平拉；左手向腹前逆時針畫弧，手心朝上；目視右手。（圖17、圖18）

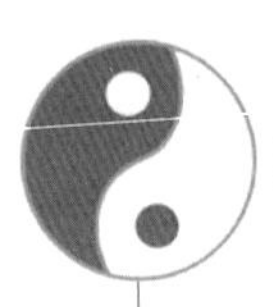

圖19

3. 左腳向東邁出一步，屈膝前弓，右腳跟向後蹬，成左弓步；同時，左掌隨轉身外旋向前推出，手心朝前，指尖與眼同高，沉肘立手；面向正東，目視左手。（圖19）

【養生功能】

此式能舒展筋骨、肌肉，手三陰、手三陽之經隨手臂起勢波動、流通，手向前、向外導氣時，可促使足少陰腎經的腎氣上行，足少陰腎經上連腎臟、膀胱，下達湧泉。人體腎氣由此而發，由此而收，透過補益腎氣達到強健泌尿系統的作用。

此式轉身時，氣行手厥陰心包經。四梢俱伸時，氣行手少陽三焦經。注意內氣上引，調治子宮下垂、老年人慢性前列腺肥大以及較輕的尿路結石症。

圖20

圖21

（四）提手上勢

右腿隨重心回坐緩緩彎曲，身體右轉，左腳尖內扣，重心移至左腿；右腳提起，朝西南隅位，向前半步，腳跟著地，腳尖翹起，左腿略屈膝，順勢蹲身坐腰；同時，右勾手變掌，下沉，上挑至面前，指尖與眉同高，掌心朝左；左手落至腰際上提，相合於右肘內側，手心朝右，兩手向裡提合；面向正南，目視右手食指。（圖20、圖21）

【養生功能】

此式以虛步調理內氣為主，全身內氣相合，沉於下丹田，氣貼督脈漸入脊骨有益於防治體虛感冒、氣管炎。開胸宜緩慢、放鬆、擴展，能激發肺活力，可起到一定的益肺平喘作用。兩臂前推時引導肺氣從胸至手，從陰達陽行

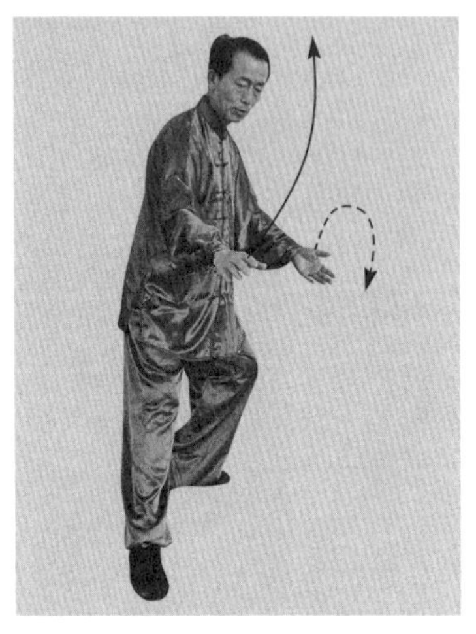
圖22

圖23

走於手太陰肺經。虛步回坐，兩手回捋時，手三陽經內氣歸脾胃中焦，從陽達陰，兩掌相對，導引手三陰、手三陽經氣的循環，促進陰陽經脈交合，對提高人體抵抗力、加強臟腑氣血的功能有很大益處。

（五）白鶴亮翅

身體左轉，右腳尖內扣下落，重心移至右腿，左腳提起上半步，腳尖點地，成左虛步，上身微右轉，面朝正東；同時，兩手隨之沉落，左手從胯側上挑至左胸前，手心朝下，右手從胯側平帶，至左腹前，手心朝上；隨即兩手分別向上、向下分開，右手提至胸前向右展開，置於右額上方，手心朝左下方；左手向左下捋按，置於左胯側，手心朝下，指尖朝前；面向正東，目視右前方。（圖22、圖23）

圖24

圖25

【養生功能】

整體重心下沉，調動了足太陽膀胱經、足少陰腎經的運動，此式調理經脈上行，升陽降陰，養精柔神，具有調理神經緊張和行氣活血的功效。左手下捋、右手上挑，相互配合。右手臂上揚時，靠背部內氣帶動，不宜挺胸。此式可帶動手少陰心經、手厥陰心包經、手太陰肺經的運動，對胸部的臟器有按摩調理作用，提高心肺功能，並具有緩解神經緊張，有助於神經衰弱及痛症的治療。

（六）左摟膝拗步

1. 右手沉肘下落，從右胯側向後拉，再向上畫弧至右肩部外側，與耳同高，屈肘立手，手心朝面部；左手外旋，順時針在胸前畫弧置於左腹前，手心斜朝下；同時，上身微左轉再向右轉，左腳收至右腳內側，腳尖點地；目視左前方。（圖24—圖26）

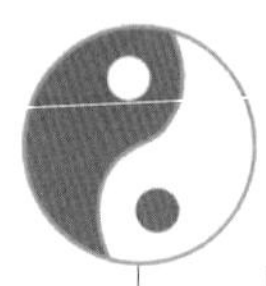

圖26

圖27

2. 身體左轉，左腳向東邁出一步，屈膝前弓，右腳後蹬，成左弓步；同時，右手從耳旁向前推出，指尖與鼻同高，掌心朝前；左手下沉，從左膝前摟過，落於左胯旁，指尖朝前，掌心朝下；面向正東，目視右手。（圖27）

【養生功能】

陰陽互根、剛柔相濟在這一式上表現明顯，兩手通常處於開中有合、合中有開的狀態，對平衡人體的陰陽有一定的調節作用。

提腳邁步時膝蓋彎曲，足少陽膽經、足厥陰肝經向下引導，尾閭下沉，重心腿內氣下沉。隨著內氣的運行，神經、體液調節，能量供給下肢，使其產生相應的代謝變化，肌纖維逐漸變粗，肌肉中的結締組織漸多，提高收縮與舒張能力。右手從耳旁經過和左手摟膝時，走手少陰心經。落步時走手太陽小腸經，內氣走足陽明胃經，此經起於鼻旁，下行經胸、腹至腿脛骨外側，出腳趾末端，從頭至腳貫於19個重要穴位。屈膝前弓時，走足太陰脾經，使氣血集於膝部。

常見的關節病主要因陽經陰氣痹阻所至導致痛點，常練此式能讓內氣蓄於痛點處或流動在痛點周圍，日久可起到良好的輔助治療作用。

（七）手揮琵琶

上身後坐，稍後右轉，重心移至右腿，左腳提起，略向前移，腳跟著地，腳尖翹起，右腳跟進半步，成左虛步；同時，左手由胯側畫弧向上挑起，與鼻同高，手心朝右，沉肘立手；右手後撤，收至左肘彎內側，手心朝左；目視左手。（圖28）

【養生功能】

兩手相合時，內氣走足太陽膀胱經，從睛明穴沿頭頂下行，貫穿督脈，直到小趾外側。經常鍛鍊有舒筋止痛，調治大、小便不利等功用。

此式還能刺激和調理手少陰心經，對於調理氣血，鎮驚通絡有一定的作用，此經中的神門穴為治療心臟病和精神病的要穴。

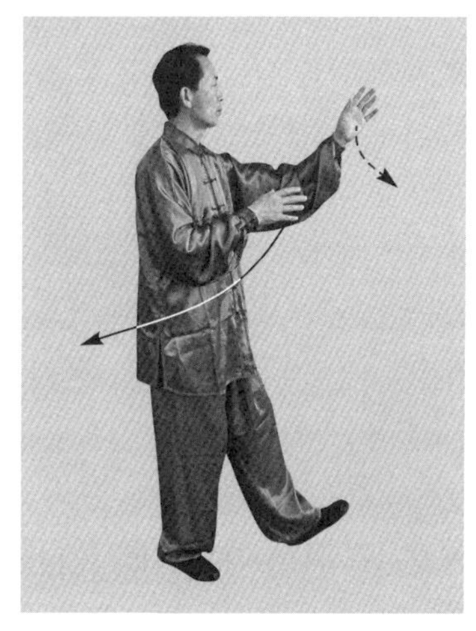

圖28

圖29

圖30

圖31

（八）左摟膝拗步

動作與養生功能同(六)左摟膝拗步。（圖29—圖31）

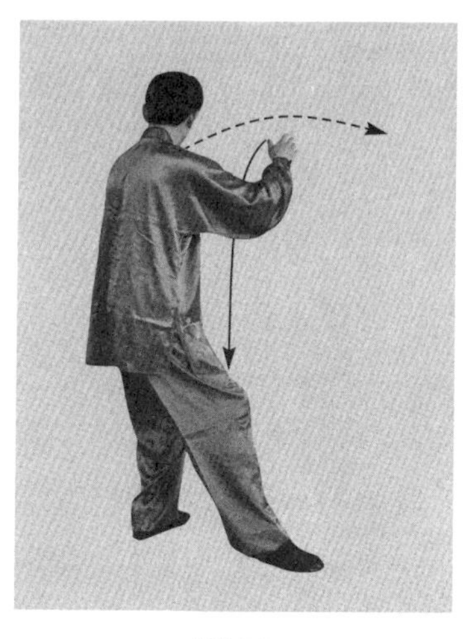

圖32

圖33

（九）右摟膝拗步

上身後坐，重心移至右腿，身體左轉，左腳尖翹起，微向外撇，左腳掌漸漸踏實後，左腿前弓，重心移到左腿；右腿順勢緩緩屈膝，右腳經左腳內側向前邁一步，右腿屈膝前弓，成右弓步；同時，左手外旋，從左胯側向後、向上畫弧至左肩外側，然後向前推出，與鼻同高，屈肘立手，手心朝前；右手向裡、向右下畫弧至右胯側，掌指朝前，掌心朝下；面向正東，目視左手。（圖32、圖33）

【養生功能】

陰陽互根、剛柔相濟在這一式上表現明顯，兩手通常處於開中有合、合中有開的狀態，上身後坐時，內氣走手

圖34

圖35

厥陰心包經，左手臂外旋畫弧掤出時，走手少陽三焦經，對人體的陰陽不調能起一定調節作用。

提右腳邁步時膝蓋彎曲，足少陽膽經、足厥陰肝經向下引導，尾閭下沉，左腿支撐內氣下沉。隨著內氣的運行，神經、體液的調節，能量供給下肢，使其產生相應的代謝變化，肌纖維逐漸變粗，肌肉中的結締組織漸多，提高了收縮與舒張能力。左手從耳旁經過、右手摟膝時，走手少陰心經。右腳邁步時，走足太陰脾經，使氣血集於膝部，有利於膝關節病的防治。關節病主要因陽經陰氣痹阻所至導致疼痛，常練此式能讓內氣蓄於痛點處或流動在痛點周圍，日久可起到緩解病痛的作用。

（十）左摟膝拗步

動作與養生功能同(六)左摟膝拗步。（圖34、圖35）

（十一）手揮琵琶

動作與養生功能同(七)手揮琵琶。（圖36）

圖36

（十二）左摟膝拗步

動作與養生功能同(六)左摟膝拗步。（圖37—圖39）

圖37

圖38

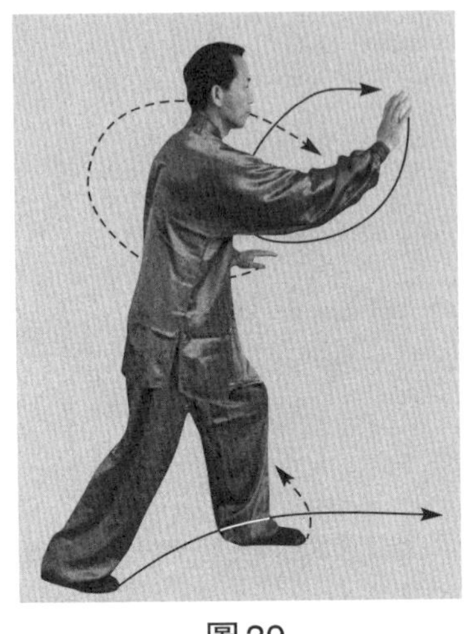
圖39

圖40

（十三）進步搬攔捶

1. 身體左轉，重心前移至左腿，左腳尖外撇踏實；右腿屈膝，右腳跟向外扭轉提起經左腳內側向前邁一步，腳跟著地，腳尖外撇，上身右轉；同時，右掌變拳，右拳內旋向下、向裡經胸前向前撇出，拳心斜朝上；左掌外旋，向下、向後、向前畫弧至右臂內側，掌心朝下，隨即左手與右手形成抻拉勁兒，向後沉落於左胯旁；目視右拳。（圖40）

2. 重心向前移於右腿，左腳向前跨出一步，腳跟著地，身體右轉；同時，左手從胯側向胸前攔出，掌心朝前；右拳外旋，順時針畫弧收於腰側，拳心朝上；目視左手。（圖41）

圖41

圖42

3. 左腿屈膝前弓，成左弓步，上身微左轉；同時，右拳向前打出，拳眼朝上，與胸同高，沉肩墜肘；左手回收附於右前臂內側；目視右拳。（圖42）

【養生功能】

此式由對手太陰肺經、任脈、手陽明大腸經和足太陰脾經、足陽明胃經及衝脈、帶脈的調節，對於健腎補肝、行氣開鬱和補益元氣效果甚佳。如刻意調治婦女肝血虧損和內分泌失調引起的附件炎、月經不調、絕經等症，此動作需重複二、四、六次。

中醫講右肝左肺，動作都以左側練習為主，所以練習此式對肝、膽方面的疾病，如膽囊炎、膽結石、黃疸、肝炎、繼發性黃疸等也有一定療效。

圖43

圖44

（十四）如封似閉

1. 上身向後坐，鬆腰鬆胯，含胸斂臀；左腳尖翹起，重心移至右腿；同時，左手從右肘下伸出，右拳變掌，兩手平行，托於胸前，兩手心朝上，張肘，下沉於腹前，目視前方。（圖43—圖45）

2. 左膝前屈，成左弓步；同時，兩手相對翻轉下按，手腕微上揚，向前上方推出，沉肘立手，手心朝前；面向正東，目視前方。（圖46）

【養生功能】

兩手翻轉下按時，內氣走手少陽三焦經，有散風祛濕、活絡止痛等作用。向前上方推出時，走足少陽膽經，

圖45

圖46

有舒筋利節、疏肝理氣等作用。

此式是對轉身搬攔捶的接續導引，由拉回和推出的動作對上述病症進行調節，虛弱的病人在推出時動作幅度小一點，攔的動作可大一些；如果是實症，推的動作大一點，翻轉下按的動作小一些，這樣能起到補虛、瀉實的作用。

（十五）十字手

1. 身體右轉，右腳尖隨轉體外撇，右腿屈膝前弓，重心右移，左腳尖內扣，成右側弓步；同時，右手向右平擺，沉肘立手，至右肩側平舉，掌心朝前，右臂微外撐；目視右手。（圖47）

圖47

2. 重心緩緩移於左腿，右腳尖內扣，右腳向左腳內側收半步，兩腳間距與肩同寬，兩腿微伸直，腳尖朝前，虛靈頂勁；同時，兩手向下、向裡按至腹前交叉，左手在外，右手在內；目視前方。（圖48）

3. 兩手微外旋向上收攏，右手在外，左手在裡，合抱於胸前，兩臂呈環形，腕與肩平，手心均朝內，成十字手；面向正南，目視前方。（圖49）

【養生功能】

兩手相合時，內氣走足少陽膽經，此經絡起於眼角，沿耳後下行至腋下，從胸側沿胯部和腿外側至第四腳趾外側，而後由內上行回歸於膽，此式經過的穴位，主要有散熱祛濕、通經活絡的作用，鍛鍊得當，對於腰部疼痛、膽囊炎、角膜炎、下肢痿痹等病症，均有一定療效。

圖48

圖49

（十六）抱虎歸山

圖50

1. 左腳尖內扣，右腳尖外擺，身體右轉，重心轉至左腿；同時，左掌下沉至腹前，手心朝上；右手背向右上方擊出，手心朝裡，手指斜朝上；目視右手。（圖50）

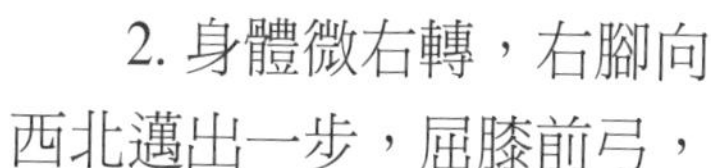

2. 身體微右轉，右腳向西北邁出一步，屈膝前弓，成右弓步；同時，右手隨身體右轉內旋經身前畫弧按落於右膝外側，手心外旋朝斜上方；左手向後、向上經左耳旁

圖51

圖52

立掌向前推出，與鼻同高，手心朝前；面向西北，目視左手。（圖51、圖52）

圖53

3. 上身微左轉，重心後移至左腿，右腳尖翹起；同時，左手與右手在身前畫圓，左手下按外旋至腹前，手心朝上，右手先外旋上提至胸前再內旋，手心斜朝下。（圖53）

4. 重心前移至右腿，右腳踏實，兩手向斜上方送出，接做掤、捋、擠、按，面向西北。（圖54—圖59）

圖54

圖55

圖56

圖57

【養生功能】

開步、轉身時，內氣由右上臂引領，沿上臂內側，下

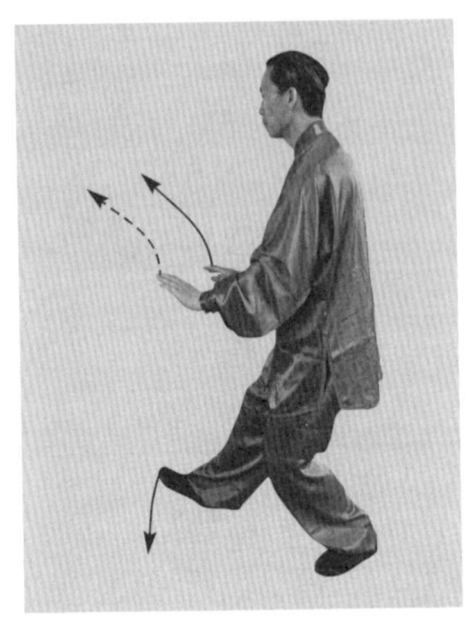
圖58

圖59

肘中，循臂內上骨下廉，過寸口到拇指末端少商，此經絡屬內氣走手太陰肺經，此經內連肺臟及呼吸系統。經絡氣血不暢，會引起相關部位的腫痛、功能減退、陰陽不調諸症。內氣在此經運行，可保衛氣充足，有止咳平喘、清泄肺熱、利咽通絡、益氣健脾、舒筋止痛等功效。

兩手推出時，內氣走手陽明大腸經，此經與肺經相表裡，故有清熱祛風、理氣止痛、調和營衛、降逆通絡、化痰散結等功效。

（十七）肘底捶

1. 上身後坐，重心緩緩移至左腿，右腳內扣，身體左轉；同時，左右手平行向左畫弧運轉，左手置於左肩外側，手心朝下，右手置於右胸前，手心斜朝內；目視左手。（圖60）

圖60

圖61

2. 重心緩緩移到右腿，左腳向左偏前橫上一步，身體左轉，面朝東；同時，右手外旋，順時針畫弧置於右胯外側，手心朝裡，手指斜朝下；左手隨身體左轉向前掤出，與肩同高，手心朝裡，手指朝右；目視左手。（圖61）

圖62

3. 重心前移，左腿屈膝前弓，成左弓步；同時，左手向左下方捋採，置於左胯外側；右手握拳從腰側經胸前向前穿出，與嘴同高；目視右拳。（圖62）

圖63

圖64

4. 右腳向前跟半步，左腳向前邁出，腳跟著地，雙膝微屈，成左虛步；同時，左手從腰側經左胸前向上提，掌心朝右，指尖斜朝上，與鼻同高；右拳收於左肘下，拳眼朝上；面向正東，目視左掌。（圖63、圖64）

【養生功能】

此式動作1、動作2內氣主走手太陰肺經，此經由胸前上部缺盆穴起，沿臂內側行至拇指端，再內歸於肺，主要功能有止咳平喘、清熱宣肺、利咽通絡和益氣健脾。

動作3、動作4走手陽明大腸經，此經從食指起，沿臂外側上行至頸、面、鼻孔旁，再內歸於大腸，對於與腦血管有關的病症及過敏性疾患有一定防治作用。

（十八）倒攆猴

1. 上身右轉，膝部放鬆；右拳變掌隨上身右轉下沉，

圖65

圖66

右掌外旋經腹前向右、向上畫弧拉伸，與肩同高，手臂微屈，手心朝上；左手微向下外旋，手心朝上；目光隨轉體先向右看，再轉向左方看左手。（圖65、圖66）

圖67

圖68

2. 身體左轉，轉腰鬆胯，左腳緩緩抬起，向後偏左退一步，腳尖著地，慢慢踏實，重心移至左腿，右腳隨轉體調正，成右虛步；同時，右臂屈肘，右掌從右耳旁向前方推出，高與肩平，手心朝前；左臂屈肘下沉後撤，手心朝上，撤至左肋側；面向正東，目視右手。（圖67）

3. 上身稍左轉，左手隨轉體下沉，經腹左側向後、向上畫弧拉伸，與肩同高，左臂屈肘，手心朝上；右手前伸，手心朝下；目光隨轉體向左看。（圖68）

4. 身體右轉，轉腰鬆胯，右腳緩緩抬起，向後偏右退一步，腳尖著地，慢慢踏實，重心移至右腿，左腳隨轉體調正，成左虛步；同時，左臂屈肘，左掌從左耳旁向前方推出，高與肩平，手心朝前；右臂屈肘下沉後撤，手心朝

圖69

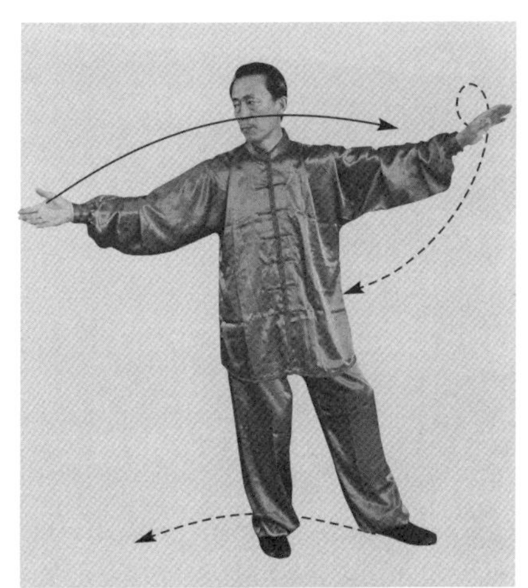

圖70

圖71

上，撤至右肋側；目視左手。（圖69）

5. 與動作1、2相同。（圖70、圖71）

圖72

圖73

6. 與動作3、4相同。（圖72、圖73）

圖74

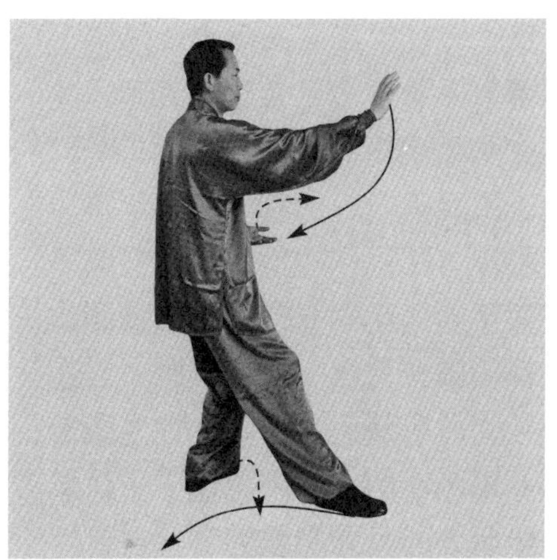

圖75

7. 與動作1、2相同。（圖74、圖75）

【養生功能】

此式開合幅度較大，兩臂大幅度的旋轉纏繞，可以提高對心經、心包經、三焦經的刺激強度，起到打通經絡阻隔段、促進內氣正常運行和疏導淤血的作用。還能加強呼吸肌收縮與舒張，使肺脈血氧含量逐漸上升，提高呼吸效率；自然呼吸，並力求做到深長、細勻，還有益於呼吸系統疾病的恢復。後退時，上肢與下肢協調運動，重心左右轉移，打通上下經脈，對於新陳代謝功能不良的症狀或疾病有一定療效。

此動作隨著兩足交替後退，兩腿重心交替轉移，內氣走足陽明胃經，主要調理胃腸，疏散內邪，強健腰膝、鎮驚安神。後坐前推時，走足太陰脾經，主要調理消化系統病症。

如針對便秘，可把意念多集中於肚臍，即神闕穴；如針對尿路不暢，可把意念多集中於臍下三寸，即關元穴；另外對甲亢等輕度病症，也有比較好的調整作用。

（十九）斜飛勢

1. 身體右轉，以左腳掌為軸，右腳隨之扭轉向正南，隨即右腳向西南隅位邁出一步；同時，左手隨右轉向上順時針畫弧平托，手心斜向上，隨即左臂內旋扣腕，下沉於左腹前，手心朝下；右手順時針畫弧，沉於腹前，手心朝斜上；目視正前方。（圖76）

2. 重心移至右腳，左腳向斜下蹬出；同時，右手向右上方伸出，高與眼齊，手心斜朝上；左手向左下方按出，

圖76

圖77

沉於胯側，手心朝下，指尖朝前；面向正南，目視右手。（圖77）

【養生功能】

此式由雙向牽扯手臂，加強了手厥陰心包經和手少陽三焦經的運動，對心臟方面的病症、急性膽道疾患、甲亢和上肢麻痹等均有療效。在「飛」的過程中如能運用腹式呼吸，還可防治腸胃病患。

另外，左腿與上身的整體延伸動作，內氣所經過的恰屬足少陽膽經和足厥陰肝經。這兩個經絡均有散淤祛濕、通經活絡、疏肝理氣及健脾和胃的功效。

圖78

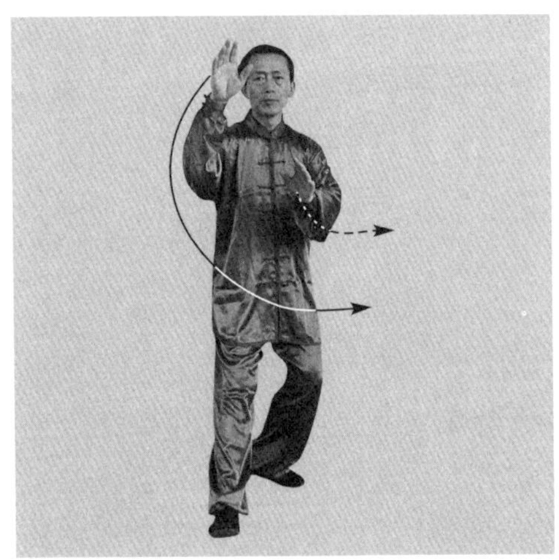
圖79

（二十）提手上勢

動作與養生功能同（四）提手上勢。（圖78、圖79）

圖80

圖81

（二十一）白鶴亮翅

動作與養生功能同（五）白鶴亮翅。（圖80、圖81）

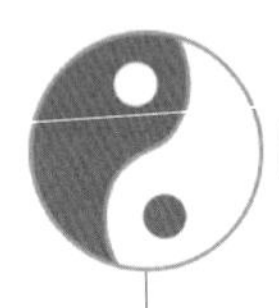

圖82

圖83

圖84

（二十二）左摟膝拗步

動作與養生功能同（六）左摟膝拗步。（圖82—圖84）

圖85

圖86

（二十三）海底針

身體稍向右轉再左轉，右腳向前跟進半步，重心移至右腿，左腳提起稍前移，腳尖點地，成左虛步；同時，右手外旋下落經右胯向後拉，從身後上提至右耳旁，掌心朝左，指尖朝斜下方，由右耳旁向前下方斜插；左手經右胸前收回搭於右手腕內側，隨即向前下方畫弧下落，沉於左胯旁，手心朝下，指尖朝前；面向正東，目視前下方。（圖85、圖86）

【養生功能】

此式內氣主行於足太陽膀胱經和足少陰腎經，主理泌尿系統及腰背部病痛。膀胱經起於內眼角，沿項後督脈下行，從腿後至小腳趾外側，再內行入腎及膀胱。

此經主要功能為交通心腎、補腎益氣、滋陰壯陽、聰耳明目、利水消腫。

此式向下動作注重內氣下潛，動作的幅度可以增大，在拳架熟練的情況下，調整呼吸，下潛時長呼短吸。腎經起於湧泉，沿下肢內側行至腹、胸部，內行於腎及舌根。

此經主要對腦部及腰部病痛有良好的作用，如昏厥、頭暈目眩、腰痛、水腫等症。

（二十四）閃通臂

身體稍右轉，左腳向前邁一步，左腿屈膝，成左弓步；同時，右手上提，從體前畫弧上舉至額前，手心外翻朝斜上方，拇指朝下，手臂彎曲；左手經胸前推出，沉肘，指尖朝上，手心朝前，與鼻同高；面向正東，目視左手。（圖87）

【養生功能】

此式經過的經絡較多，動作幅度較大，雙手提拉內氣時，將右手的手太陰肺經與左手的手太陽小腸經形成環流，手少陰心經與手少陽三焦經相連，促進了上部經脈的對流，對維護、防治心臟局部的氣血供應起了重要的作用。由腳部前趨，將心臟氣血順足三陰經下引。

手臂推出時，走足厥陰肝經，此經起於大腳趾，沿腿

圖87

圖88

內側上行腹部，內行於小腸、肝區，主要作用有疏肝理脾、養血活血、平肝潛陽和化積消滯。腳底踏平勁，催動足少陰腎經氣血上行滋補心臟，中醫稱之為心腎相交、水火相濟，不僅對心臟方面的疾病有調治作用，而且對於腎病、失眠、神經衰弱等症也有一定的緩解作用。

（二十五）撇身捶

1. 身體向右轉，右腿慢慢彎曲，重心移至右腿，左腳尖內扣，重心再移至左腿；同時，右手隨轉體向下、向右順時針畫弧；左手向上托於頭前上方，手心斜朝上，手臂成半圓形；目視右手。（圖88）

2. 身體繼續右轉，右腳提起，回收不沾地向西北隅位邁出，腳跟著地，右膝微屈，成右虛步；同時，右手變

圖89

拳，向下經腹前至左肋旁，外旋向胸前撇出，拳心朝上，高與肩平；左手下落，收於右肘內側下方；面向正西，目視右拳。（圖89）

【養生功能】

動作1的內氣主走足陽明胃經，此經能調理腰膝、腸胃和精神方面的病患；動作2的內氣主走足太陽膀胱經，能調理泌尿系統及風濕類病患。

（二十六）進步搬攔捶

1. 右拳回收腹前，拳眼朝上；左手立掌向前推出，指尖與鼻同高；隨即重心前移，左掌回收，右拳向前打出。（圖90、圖91）

圖90

圖91

圖92

2. 上身右轉，右腳向前邁一步，腳尖外撇；同時，右拳內旋經胸前向前撇出，拳心朝上，左手附於右前臂內側；目視右拳。（圖92）

圖93

圖94

3. 身體右轉，重心向前移於右腿，左腳向前跨出一步；同時，左手從左胯側向右前方攔出，掌心朝前下方；右拳外旋順時針畫弧收於腰側，拳心朝上；目視左手。（圖93）

4. 身體左轉，左腿前弓，成左弓步；同時，右拳向前打出，拳眼朝上，與胸同高，沉肩墜肘；左手回收附於右前臂內側；面向正西，目視右拳。（圖94）

【養生功能】

此式由對手太陰肺經、任脈、手陽明大腸經和足太陰脾經、足陽明胃經及衝脈、帶脈的調節，起到了健脾補肝、行氣開鬱、補益元氣的作用，並且效果甚佳。如要調治婦女肝血虧損和內分泌失調引起的附件炎、月經不調、

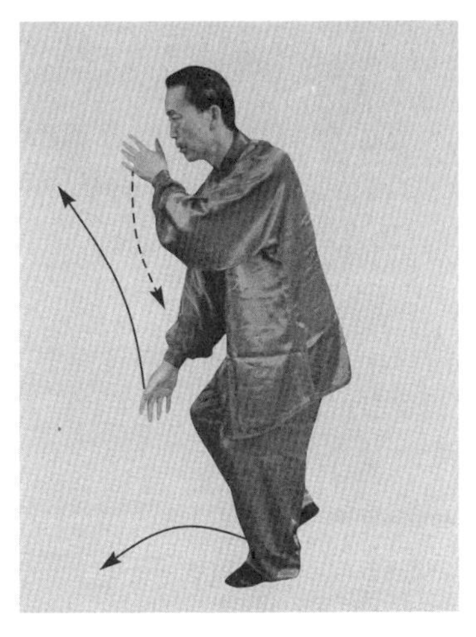

圖95

圖96

絕經等症，此動作須重複二至四次。

中醫講右肝左肺，此動作以左側練習為主，所以對肝、膽方面的疾病，如膽囊炎、膽結石、黃疸、肝炎、繼發性黃疸等均有一定療效。

（二十七）上步攬雀尾

1. 身體微左轉，重心稍後移，左腳尖外撇，隨即重心前移至左腿，右腳上步，繞於左腳內側，腳尖點地；同時，左手外旋下落，從胯側逆時針畫弧上托下扣至左胸前，手心朝右；右拳變掌，向下、向左平帶，收於腹前，手心朝左下；面向正西，目視左手。（圖95）

2. 以後動作與（二）攬雀尾相同。（圖96—圖102）

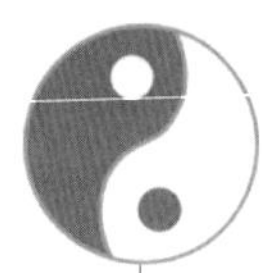

圖97

圖98

圖99

圖100

圖101

圖102

【養生功能】

此式包括掤、捋、擠、按各種勁法，集中表現了陰陽開合的辯證關係：「意欲向上，必先寓下；意欲向右，必先向左；前去之中，必有後撐；上下左右，相吸相繫，對拉拔長，曲中求直。」在掤、捋、擠、按過程中，都可以留意做到這一點，對調節氣血陰陽平衡有益。

雙手掤出時，足厥陰肝經可導引元氣上行，從頭部再走，下達足尖。對腦暈、耳鳴、小腦共濟失調症等有改善的功能。兩手上下反覆推出、收回有利於手足三陰三陽經脈貫通，特別是調動手太陰肺經，對增加肺活量和肺、心兩臟氣血疏通有益，特別是老年性慢性支氣管炎。透過對全身氣血調整，起到疏肝導泄的作用，對中年婦女氣虛、氣短、月經不調有舒緩作用。

圖 103

圖 104

圖 105

（二十八）單　鞭

動作與養生功能同（三）單鞭。（圖 103—圖 105）

圖106

圖107

（二十九）雲　手

1. 身體緩緩右轉，重心移至右腿，左腳尖內扣，腳跟微提；同時，左手外旋，下落，逆時針畫弧至腹前，手心朝上；右勾變掌，手心朝右前方，兩臂舒鬆圓活；目視右手。（圖106）

2. 腰帶動上身緩緩左轉，重心漸移至左腿；同時，左手向上經臉右側向左側畫弧，手心內旋，向左推出；右手外旋，下落，順時針畫弧至腹前，手心斜朝內；目視左手。（圖107）

圖108

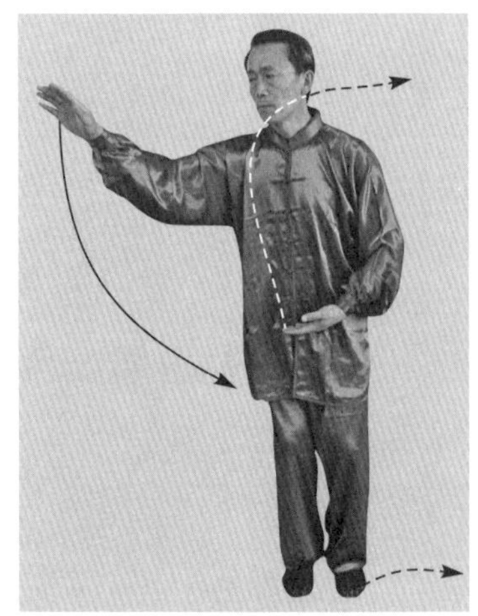

圖109

3. 腰帶動上身右轉，右腳向左並步；同時，左手外旋，下落，逆時針畫弧至腹前，手心朝上；右手向左、向上經臉前向右側畫弧，手心內旋，向右推出；目視右手。（圖108、圖109）

圖110

圖111

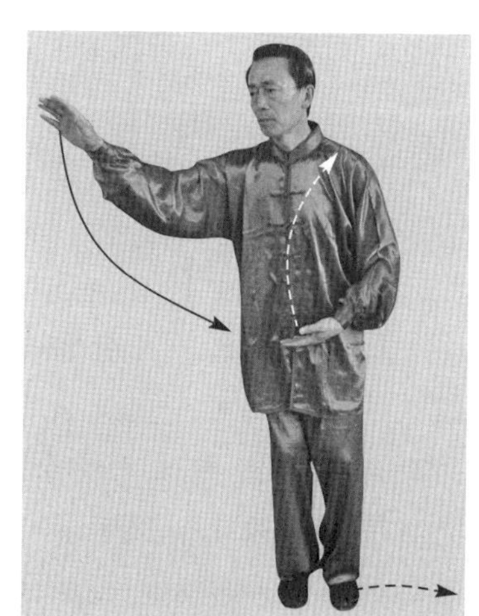

圖112

4. 左腳向左側邁一步，其他動作同2。（圖110）

5. 同動作3。（圖111、圖112）

圖113

圖114

6. 同動作2。（圖113、圖114）

7. 同動作3。（圖115、圖116）

【養生功能】

單鞭接此式，可引導手陽明大腸經，貫通手厥陰心包經、手少陰心經，與足陽明胃經、足太陰脾經形成手與足的表裡經脈大循環，使血液上行到頭部，邊做邊加深呼吸，促使督脈上的風府、啞門、大椎得到鍛鍊，可針對頭頸部的不適和病痛，如眩暈、高血壓、頸椎增生，神經性頭痛、失眠、記憶減退等有較好的作用。

注意腰轉時，可加深按摩腹部臟器，對消化系統疾病有益處；動作連貫協調對肩周炎也有一定療效。在個人條件允許的範圍內，儘量加大拉伸的幅度和強度。

圖115

圖116

圖117

圖118

（三十）單　鞭

動作與養生功能同（三）單鞭。（圖117、圖118）

圖119

（三十一）高探馬

1. 身體微向右轉，右腳跟進半步，重心平移至右腿，左腳跟稍提起，成左虛步；同時，右勾手變掌，向後托起，手心朝上；左手外旋，手心朝上，兩肘微屈；目視西南前方。（圖119）

2. 身體左轉、面東，左腳提起稍向前移，腳尖點地；同時，右臂屈肘，右掌經右耳旁向前推出，手心斜朝前，指尖與眼同高；左手下落收至左腰側，手心朝上，沉肩墜肘；面向正東，目視前方。（圖120、圖121）

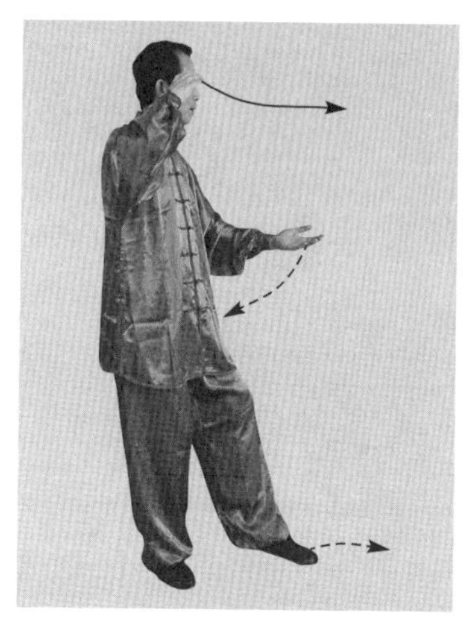

圖120

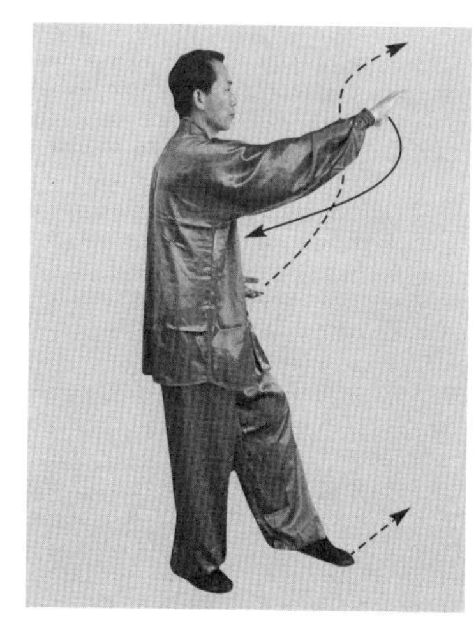

圖121

【養生功能】

動作1內氣走手少陽三焦經，起於無名指末端，沿手背、手臂中間、肩內側上行至外眼、肩部，內行入心區、上腹部，此經主理上肢麻痺、肩關節周圍炎、蕁麻疹、肋間神經痛等病症。

動作2內氣走足少陽膽經，此經起於外眼角，沿耳後、肩內側、腋下至腿外側，止於足四趾外側，內行於肝、膽。以右掌導引內氣自右耳旁上行，有益於五官的養生。此經主理肝膽、膝胯、目赤腫痛方面的病症。

圖122

圖123

（三十二）右分腳

1. 左腳向東邁半步，腳尖外撇，屈膝前弓，成左弓步；同時，左手經右臂下方向上、右手向下畫弧分開，左手心朝上，右手心朝下；目視左前方。（圖122）

2. 兩手向裡畫弧抱球於胸前，左手在下、右手在上；隨即，左前臂外旋，下落至左胯旁，手心朝上；右手內旋於胸前向右前方推出，手心斜朝下。（圖123）

3. 右腿屈膝提起，小腿經左下方向右上方畫弧掃出，腳面繃直，同時，兩臂向左右兩側畫弧分開平舉，與肩同高，兩肘微沉；目視右手。（圖124）

圖124

【養生功能】

動作1兩手畫弧分開時內氣走手太陰肺經，此經起於胸部中焦，從肺系沿手臂內側至拇指末端，主理呼吸系統病症，如咳嗽、氣喘、胸背痛、喉痹等；左腿屈膝成弓步時，內氣走足太陰脾經，此經起於大腳趾末端，經腿內側入腹部，止於食指，內行於脾、胃，主理消化系統疾患，如腹脹、泄瀉、便秘、黃疸、胃痛、疝氣等。

動作2內氣走手陽明大腸經，此經起於食指末端，沿一、二掌骨間，手臂外側，肩部至鼻側，內行於肺、大腸，主理肩頸部疼痛、熱病、皮膚病、甲狀腺腫大等病症。同時，分腳對鍛鍊人的平衡等能力有很大的幫助。

（三十三）左分腳

1. 右腳落地，右腿屈膝前弓，成右弓步；同時，左手

圖125

圖126

向下、右手向左畫弧抱球於胸前，右手在上，手心朝下，左手在下，手心朝上；目視左前方。（圖125）

2. 兩臂繼續畫弧，右前臂外旋，下落至腹前，手心朝上；左手內旋，經胸前向左前方推出，手心斜朝下；目視左前方。（圖126）

圖127

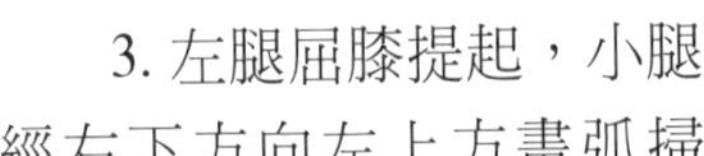

3. 左腿屈膝提起，小腿經右下方向左上方畫弧掃出，腳面繃直；同時，兩臂向左右兩側畫弧分開平舉，與肩同高，兩肘微沉；目視左手。（圖127）

圖128

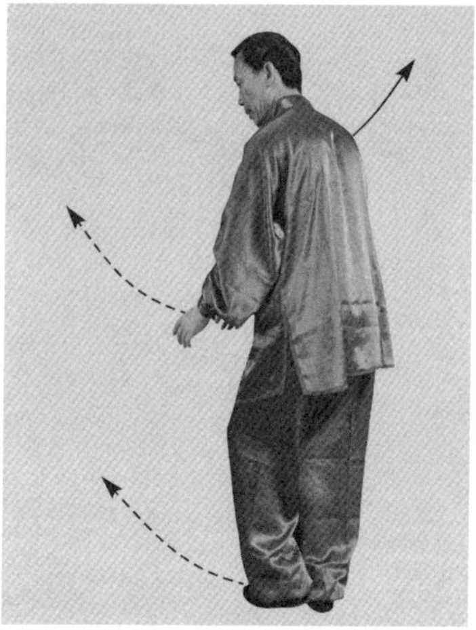

圖129

【養生功能】

同右分腳。

（三十四）轉身左蹬腳

1. 腰帶手腳左轉，右腳以腳跟爲軸內扣，身體朝向西北方向，左腳懸空收回，膝蓋朝西；同時，兩手下落外旋，收至腹前合抱，右手在裡，左手在外，手心均朝內；目視左方。（圖128、圖129）

2. 左腿屈膝提起，左腳向正西方蹬出，右腿微屈支撐；同時，兩臂上提成十字手再向左右兩側分開，兩腕高與肩平，手心朝外，沉肘立手；面向正西，目視左手。（圖130）

圖130

圖131

【養生功能】

此式由腳的蹬出、回收，對下肢的穴位起到很強的牽拉、刺激作用，正符合中醫「以下治上，以上治下」的原理。不僅足三陰經、足三陽經所經穴位受到鍛鍊，足外側的陽維脈、陽蹻脈和內側的陰維脈、陰蹻脈也得到了運動。起腳前屈膝蓄勁，將內氣引導至膝部，能調治膝關節方面的病患；蹬腳時瞬間爆發後的腿筋伸拉運動，配合呼氣，有利於腳、腿部痿軟，抽筋等症的恢復。

（三十五）左摟膝拗步

1. 腰微左轉，左腳下落收回於右腳內側點地；同時，右手隨腰左轉外旋，向下、向裡畫弧至腹前，手心朝上；左手微外旋，手心斜朝下；目視左手。（圖131）

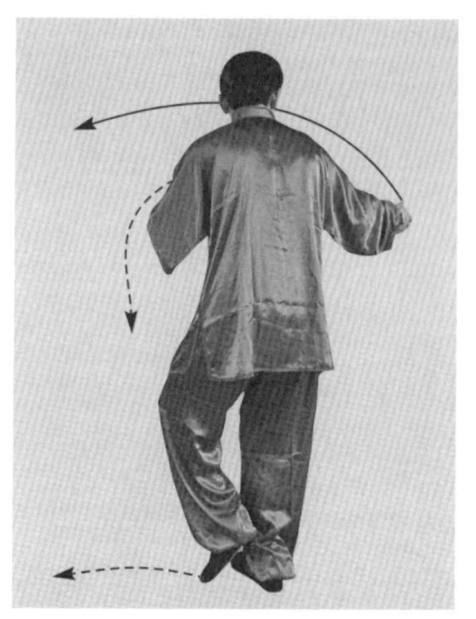

圖132

圖133

2.其他動作與養生功能同（六）左摟膝拗步，唯方向相反。（圖132、圖133）

（三十六）右摟膝拗步

動作與養生功能同（九）右摟膝拗步，唯方向相反。（圖134—圖136）

圖134

圖135

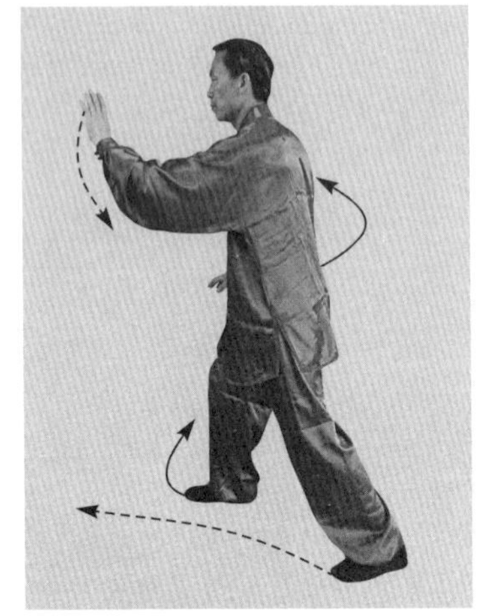

圖136

（三十七）進步栽捶

1. 重心略向後移，身體右轉，右腳尖外撇，左腳向前上一步至右腳內側，腳尖點地；同時，左手隨轉體內旋，逆時針向下、向裡畫弧置於右肩前；右手外旋，向右後方上舉，變拳；目視左前。（圖137）

2. 左腳向前邁一步，左腿屈膝前弓，身體左轉，成左弓步，上身正直，肩平，鬆腰、鬆胯；同時，右拳向前下方打出，拳心斜朝下；左手摟左膝，置於左胯旁，手心朝下；面向正西，目視前下方。（圖138）

【養生功能】

動作1內氣主走足厥陰肝經，此經起於大腳趾背，沿腿

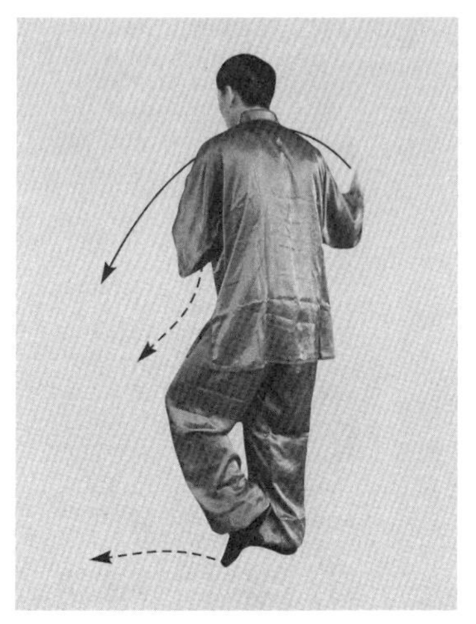

圖137

圖138

內側上行至腹部，止於胸肋部，內行入肝、膽。全身向下鬆沉，兩臂旋轉畫弧，可起化積消滯、疏肝理脾等功效。

動作2內氣主走手太陰肺經，此經起於中焦，下絡大腸，沿手臂內側行於拇指末端少商穴，向前下方沖拳時，不能彎腰塌背，要項頸領起，對呼吸系統和消化系統有很好的調理作用。

（三十八）翻身撇身捶

1. 身體重心後移，左腳尖內扣，身體右轉，重心移至左腿；同時，左右手隨轉體向上畫弧至左右兩側，略高於頭頂；目視右前方。（圖139）

2. 身體繼續右轉，右腳提起向東邁出，腳跟著地，腳尖偏向東南隅位，左膝微屈，成右虛步；同時，左手經胸

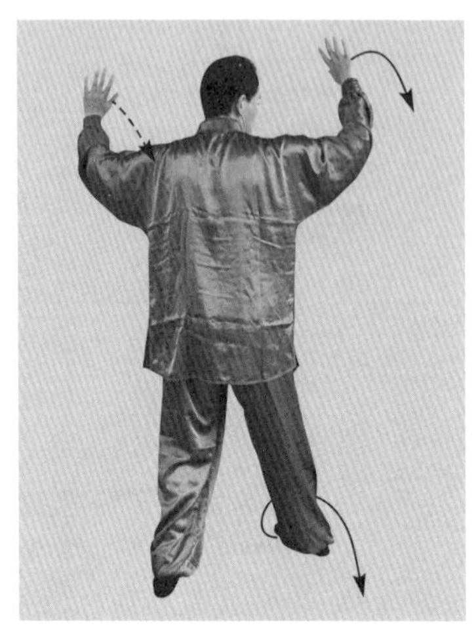

圖139

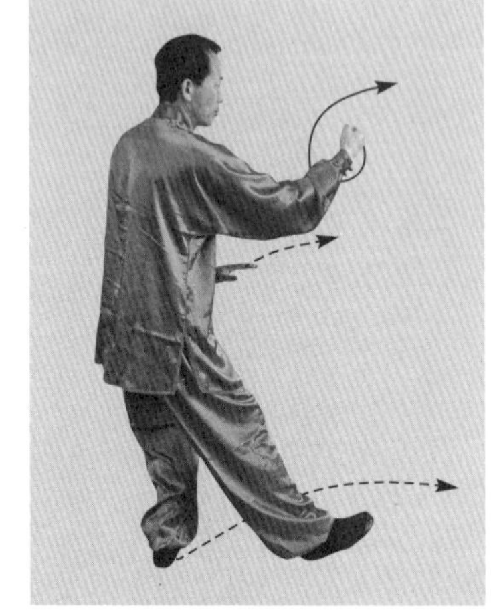

圖140

前下落於左腹前，掌心朝下；右掌變拳，向下、向裡經胸前打出，拳眼向右；目視右拳。（圖140）

【養生功能】

兩手臂隨轉體畫弧，然後右拳打出，內氣主走手陽明大腸經，此經起於食指末端，沿手臂外側至肩胛，上行鼻側，內行於肺、大腸，主理肩胛部肌肉痙攣疼痛、腦血管意外後遺症等疾患。內氣還可走手少陰心經，此經起於腋下，沿手臂內側行至小指末端少衝穴，內行於心、小腸，能主理心臟方面疾患。

重心左移，右腳跟著地，內氣主走足陽明胃經，此經起於鼻側，沿頸下行，由胸腹部，從腿外側至腳二趾末端，內行於脾、胃，主理頭痛、腦暈及腹部以下部位的麻木、疼痛、膝冷，股內外肌痙攣，足踝疼痛等。

圖141

圖142

（三十九）進步搬攔捶

身體微右轉，右腳踏實，左腳向前上一步，左腿屈膝前弓，成左弓步；同時，右拳微收回再向前打出，拳眼朝上，與胸同高，沉肩墜肘；左手附於右前臂內側；面向正東，目視右拳。（圖141）

【養生功能】

同（二十六）進步搬攔捶。

（四十）右蹬腳

1. 重心後移到右腿，左腳尖外撇，重心再移至左腿；同時，右拳變掌，兩掌向左右兩側分開，手臂外旋，向下、向裡畫弧，手心均朝內；面向正東，目視雙手。（圖142）

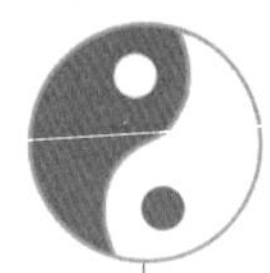

圖143

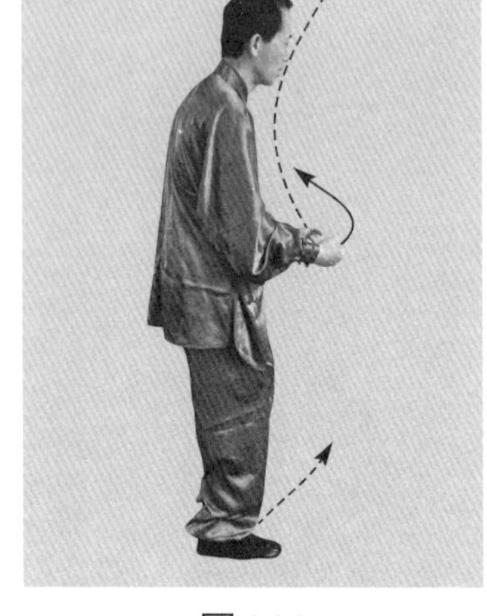

圖144

2. 右腿屈膝提起，右腳跟向正東方向蹬出，腳尖回勾，左腿微屈支撐；同時，兩手向上交叉在胸前成十字，隨即兩手內旋由裡往外向左右畫弧分開，高與肩平，雙肘下沉；面向正東，目視右手。（圖143）

【養生功能】

同（三十四）轉身左蹬腳。

（四十一）左打虎勢

1. 右腳回撤，落於左腳內側；同時，兩手一齊畫弧下落於腹前變拳，拳心朝上；目視前方。（圖144）

2. 身體向左轉，面向東北隅位，左腳向左前方上一步，左腿屈膝，成左弓步；同時，左拳內旋順時針畫弧上

圖145

舉於左額前，拳心朝外；右拳逆時針畫弧，繞於左肋前，拳心朝下，兩臂呈半圓形；目平視東北方。（圖145）

【養生功能】

此式選擇膻中穴為意念調節點，這個調節點指的是離病灶最近的關鍵部，因距離肘較近，所以對調治糖尿病有一定補益；意念集中於動作連貫性，對調節中樞神經和意念誘導有幫助。

動作1內氣主走手太陽小腸經和足太陽膀胱經。小腸經起始於小指外側末端，經肩部上行於外眼角至耳中，內行於心、食道、小腸，主理肩頸部疼痛及精神方面疾患；膀胱經主理消化系統和泌尿系統疾患。

動作2內氣主走足少陰腎經，此經起於小趾之下，循腿內側向上循行，貫背屬腎。主要功能為溫陽補腎、健脾

圖146

圖147

和中，對腎炎、肋間神經痛、尿黃面腫、惡寒發熱等疾患有一定作用。

（四十二）右打虎勢

1. 重心後移，左腳尖內扣，身體右轉，重心移至左腿；同時，兩拳外旋翻轉至於腹前，拳心朝上；目視前方。（圖146）

2. 右膝提起，右腳向南邁一步，屈右膝，成右弓步；同時，右拳內旋逆時針向上畫弧，置於右額前，拳心朝外；左拳內旋順時針畫弧，繞於右肋前，拳心朝下，兩臂呈半圓形；目平視東南方。（圖147）

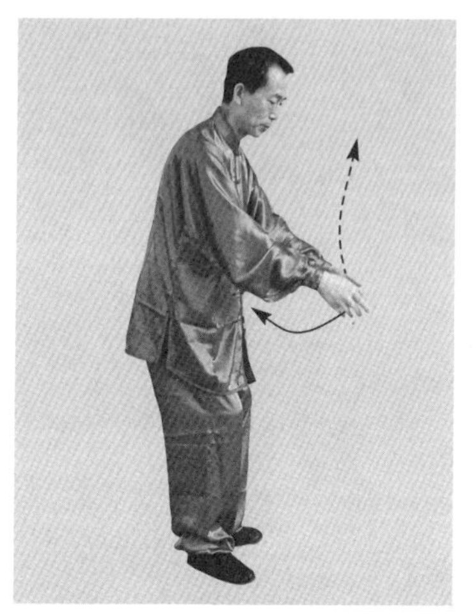

圖148

圖149

【養生功能】

同（四十一）左打虎勢。

（四十三）回身右蹬腳

動作與養生功能同（四十）右蹬腳。（圖148、圖149）

（四十四）雙風貫耳

1. 右小腿撤回，下垂，膝蓋提住；同時，兩手外旋，畫弧下落於右膝兩側，兩掌變拳，拳心朝上；目視前方。（圖150）

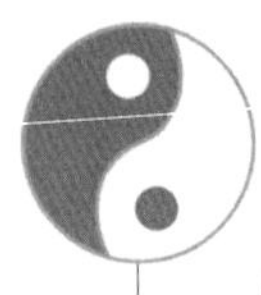

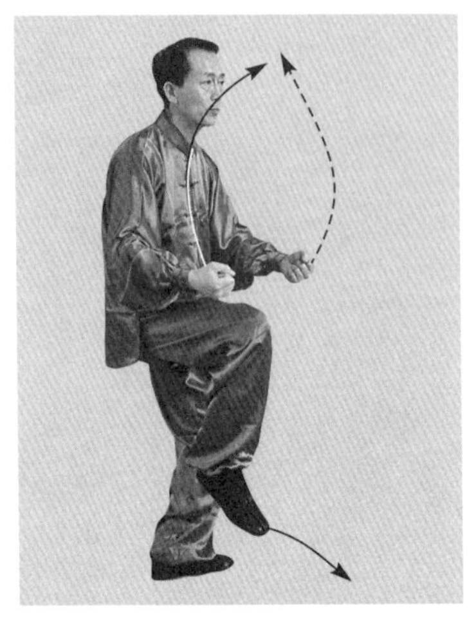
圖150

圖151

2. 右腳向右前方落步，右腿屈膝前弓，成右弓步，面向東南隅位；同時，兩拳分別從左右兩側向上、向前畫弧至面部前方，兩拳相對，拳眼向內斜下方，與雙耳同高；面向東南，目視右拳。（圖151）

【養生功能】

動作1內氣主走足厥陰肝經，此經起於大腳趾，沿腿內側上行至肝、膽，內行於氣管、鼻咽部交會於頭頂督脈。主理胸肋脹痛、胃脘痛、舌酸、嘔吐、泄瀉、氣逆、哮喘等病症。

動作2內氣主走手太陰肺經，主理呼吸系統病症，如咳喘、咯血、潮熱、心痛、咽喉腫痛等病症。

此式可引頭目濁氣下行，有清理頭目，防治五官疾病的作用。注意兩手動作向高處運行，大致位於假想對手的

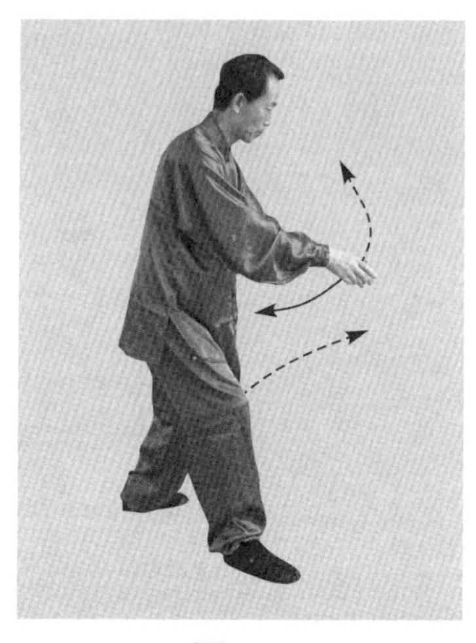

圖152

圖153

頭頂部，可以緩解高血壓、青光眼、眩暈等症。

（四十五）左蹬腳

1. 重心後移，右腳尖外撇，隨後重心再前移至右腿；同時，兩拳變掌向下、向左右分開，再向裡畫弧回收，手心均朝內；目視兩手。（圖152）

2. 左腿屈膝提起，左腳向正東方向蹬出，右腿微屈支撐；同時，兩臂上提成十字手再向左右兩側分開，兩腕高與肩平，手心朝外，沉肘立手；面向正東，目視左手。（圖153）

【養生功能】

與（三十三）左分腳相同。

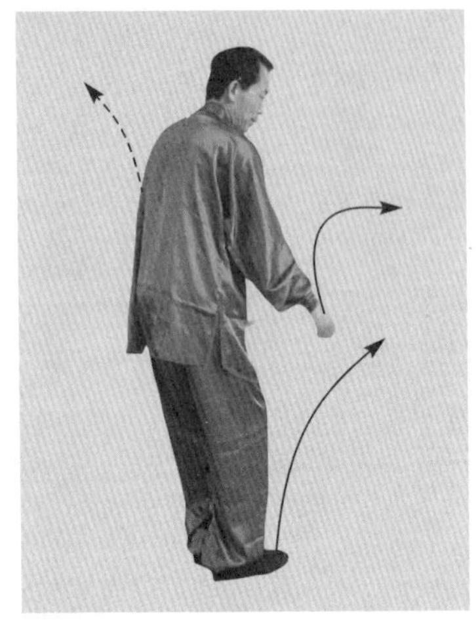
圖154

圖155

（四十六）轉身右蹬腳

1. 左腳回收下落，腳尖隨之外撇，身體左轉，重心移至左腿；右腳收至左腳內側，腳尖著地；同時，兩臂外旋，兩掌向下、向左右分開，再向裡畫弧回收，手心均朝內；目視兩手。（圖154）

2. 右腿屈膝提起，右腳向正東方向蹬出，左腿微屈支撐；同時，兩臂上提成十字手再向左右兩側分開，兩腕高與肩平，手心朝外，沉肘立手；面向正東，目視右手。（圖155）

【養生功能】

與（三十二）右分腳相同。

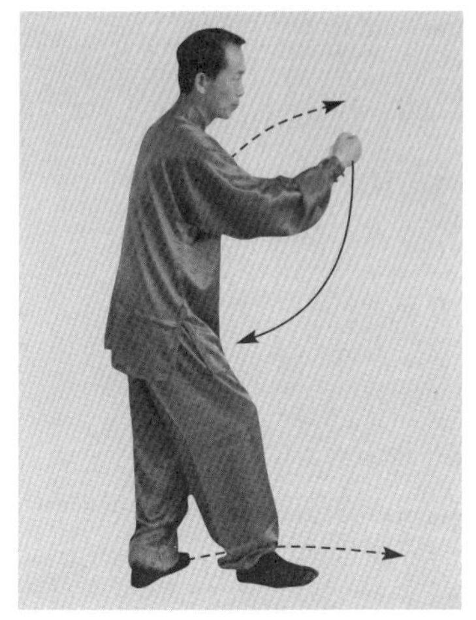

圖156

圖157

圖158

（四十七）進步搬攔捶

右腳下落，腳尖隨之外撇，右手外旋下落變拳，其他動作與養生功能同(十三)進步搬攔捶。（圖156—圖158）

圖159

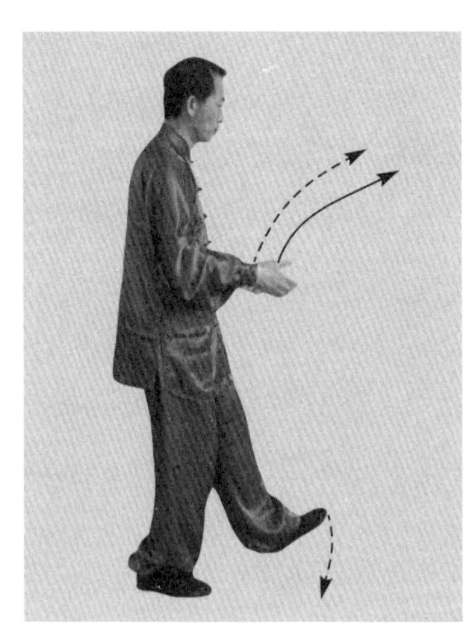

圖160

圖161

（四十八）如封似閉

動作與養生功能同（十四）如封似閉。（圖159—圖161）

圖162

圖163

圖164

（四十九）十字手

動作與養生功能同(十五)十字手。（圖162—圖164）

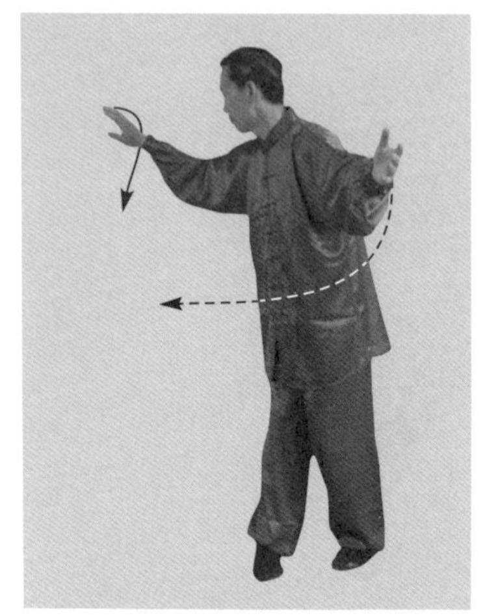
圖165

圖166

圖167

圖168

（五十）抱虎歸山

面朝西北，動作與養生功能同（十六）抱虎歸山。（圖165—圖170）

圖169

圖170

圖171

圖172

（五十一）斜單鞭

面朝東南，動作與養生功能同（三）單鞭。（圖171、圖172）

圖 173

圖 174

（五十二）野馬分鬃

1. 重心左移，身體微左轉；同時，左臂內旋，順時針畫弧至右肩前，掌心朝下；右勾手變掌，向下、向裡畫弧至腹前，掌心斜朝上，雙手成抱球狀；目視左側。（圖173）

2. 身形中正安舒，上身以腰爲軸微向右轉，右腳向前方邁一步，重心前移，右腿屈膝前弓，左腳後蹬，成右弓步，身體右轉；同時，兩手隨轉體勻速緩緩分開，右手斜向右上方，手心斜朝內，與頭同高；左臂沉肘，左手落於左胯旁，手心朝下，指尖朝前，肘微屈，沉肩、開胸；目視右手。（圖174）

圖175

圖176

3. 上身漸後坐，重心左移，身體右轉，重心再右移，右腳尖外撇踏實，右腿微屈，左腳收至右腳內側，腳尖著地；同時，右手內旋，稍下落收至右胸側，手心朝下；左手外旋順時針畫弧，收至腹前，掌心朝上，雙手成抱球狀；目視左手。（圖175）

4. 身形中正安舒，上身以腰爲軸漸左轉，左腳向左前方邁出一步，左腿屈膝前弓，右腿後蹬，成左弓步；同時，兩手隨轉體勻速緩緩分開，左手斜向左上方伸展至頭左側，手心斜朝內，沉肘；右手落於右胯旁，手心朝下，指尖朝前，肘微屈，沉肩、開胸；目視左手。（圖176）

圖177

圖178

圖179

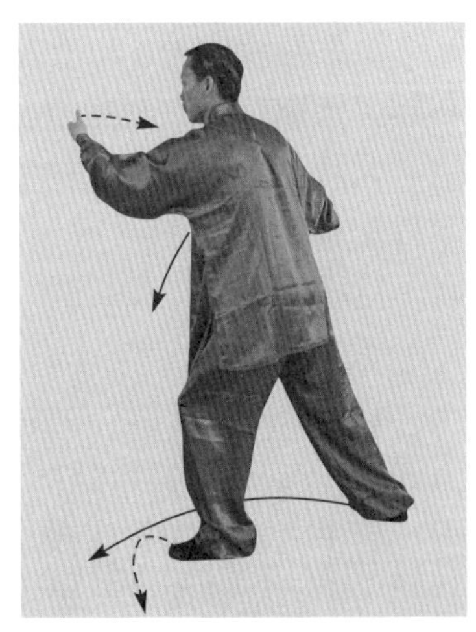
圖180

5. 與動作1、動作2相同。（圖177、圖178）

6. 與動作3、動作4相同。（圖179、圖180）

圖181

【養生功能】

此式透過左右臂大跨度的拉伸，對於胸腹部的穴位起到一定的刺激作用，有益於行氣活絡寬胸養心。內氣主要運行於足少陽膽經、足厥陰肝經、手太陰肺經及手陽明大腸經，對於消化系統及心、肺等臟器，有一定的調理作用。特別對肺心病、肺結核的恢復期，以及心絞痛和心血管系統疾病有防治作用。

（五十三）上步攬雀尾

身體左轉，左腳外撇踏實，重心移至左腿，右腳提起收於左腳內側，腳尖點地；同時，左臂屈肘內旋，左掌置於右肩前，掌心斜朝下；右手外旋畫弧，置於腹前，手心斜朝上，雙手成抱球狀；目視右側。（圖181）

圖182

圖183

圖184

其他動作與養生功能同（二）攬雀尾。（圖182—圖188）

圖185

圖186

圖187

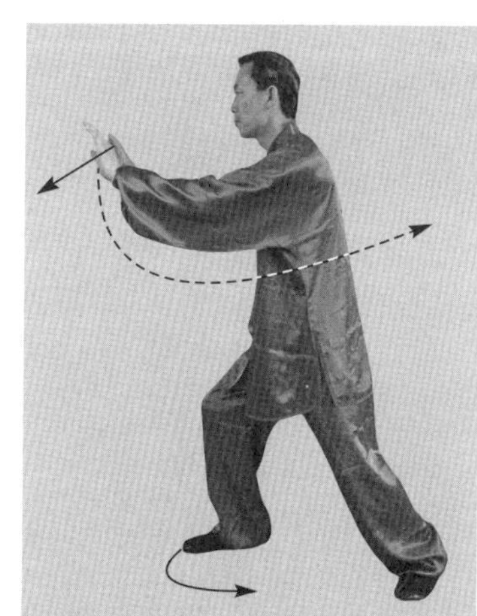

圖188

圖 189

圖 190

圖 191

（五十四）單　鞭

動作與養生功能同（三）單鞭。（圖 189—圖 191）

圖192

圖193

（五十五）玉女穿梭

1. 身體重心後移於右腿，左腳尖內扣，右腳尖外撇，身體隨之向右後方轉至西南，兩腿成半坐盤勢，隨即左腳收回經右腳內側；同時，右勾變掌，右臂內旋收至胸前，手心朝下，左手外旋順時針畫弧收至腹前，手心朝上，雙手成抱球狀；左腳向左前方邁出一步，左腿屈膝前弓，成左弓步；隨即左手內旋經臉前翻掌向上托舉至左額前，手心斜朝上，右手向前推出，指尖與鼻同高；面向西南，目視右手。（圖192、圖193）

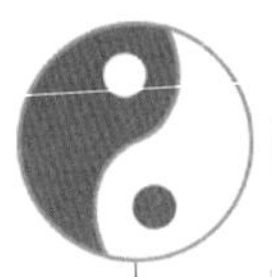

圖194

圖195

2. 重心右移，左腳尖外撇，身體向左轉至東南，重心再左移，右腳收至左腳內側，前腳掌著地；同時，左臂內旋下落收至胸前，手心朝下，右手外旋逆時針畫弧下落收到腹前，手心朝上，雙手成抱球狀；面向東南，目視左前方。（圖194）

3. 以左腳掌爲軸，身體微向右轉，右腳向右前方邁出一步，右腿屈膝前弓，成右弓步；同時，右手內旋經臉前翻掌向上托舉至右額前，手心斜朝上，左手向前推出，指尖與鼻同高；面向東南，目視左手。（圖195）

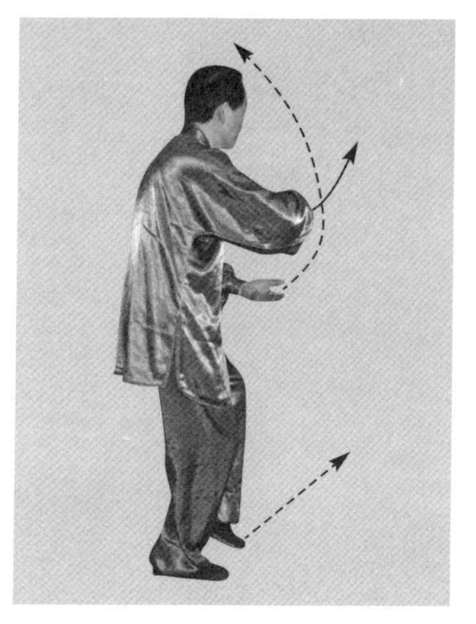

圖196

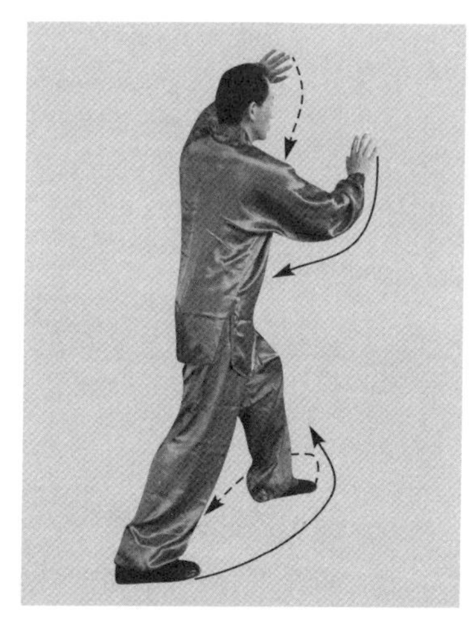

圖197

4. 重心稍後移，右腳尖內扣，重心再移於右腿，身體隨之左轉向東北，左腳收回至右腳內側，腳尖點地；同時，左手下落外旋順時針畫弧收至腹前，手心朝上，右手逆時針畫弧下落收至胸前，手心朝下，雙手成抱球狀；面向東北，目視前方。（圖196）

5. 左腳向左前方邁出一步，左腿屈膝前弓，成左弓步；同時，左手內旋經臉前翻掌向上托舉至左額前，手心斜朝上，右手向前推出，指尖與鼻同高；面向東北，目視右手。（圖197）

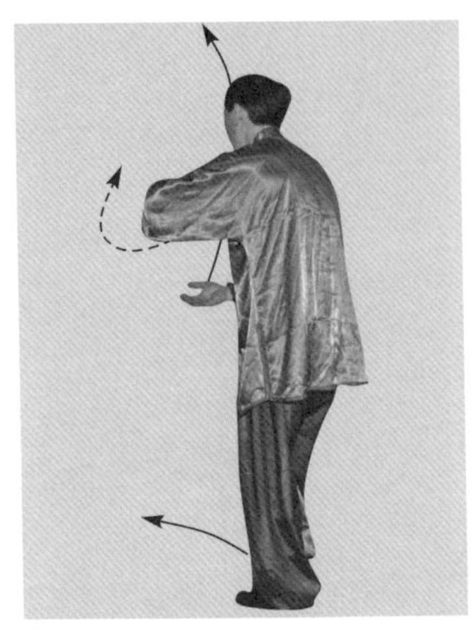

圖198

圖199

6. 重心右移，身體左轉，左腳尖外撇，右腳收至左腳內側，腳尖點地；同時，左臂外旋下落收至胸前，手心朝下，右手順時針畫弧收至腹前，手心朝上，雙手成抱球狀；面向西北，目視前方。（圖198）

7. 以左腳掌爲軸，右腳向右前方邁出一步，右腿屈膝前弓，成右弓步；同時，右手內旋經臉前翻掌向上托舉至右額前，手心斜朝上，左手向前推出，指尖與鼻尖同高；面向西北，目視左手。（圖199）

【養生功能】

此式手臂動作變化較大，從抱球於胸前膻中穴，到舉臂、外翻、推出，內氣主要運行於手三陰經和手三陽經。從外部動作看，肩關節活動明顯，內外結合，既疏通了肩

關節周圍的經絡，又使肩關節得到強化鍛鍊，因此，對肩關節周圍炎有顯著的治療作用。

由重心頻繁的移動，以及收腳邁步的轉化，促進了足少陽膽經、手太陰肺經、足厥陰肝經的升降，將上焦之氣導引至雙手末端的手陽明大腸經而出。

因肺為百氣之主，主要調理氣機和大腸互為表裡，肺氣不降直接導致便秘等消化系統病患，以及疔瘡、齒痛、耳鳴、眩暈等症。

另外，手臂的開合，牽拉了人體膈肌，使臟腑得到內部按摩，有益於補氣固本；居中抱球配合調息，能調理中氣虛弱，對脾胃虛弱的症狀有所調節。

（五十六）上步攬雀尾

1. 上體稍左轉，重心後移；同時，右臂外旋，右手下落經腹前向右上方掤出，手心斜朝上；左臂內旋，左手向裡、向左下畫弧，下壓於左胯側，手心朝下；面向正西，目視右手。（圖200）

圖200

圖201

圖202

圖203

圖204

2. 其他動作與養生功能同（二）攬雀尾。（圖201—圖206）

圖205

圖206

圖207

圖208

（五十七）單　鞭

動作與養生功能同（三）單鞭。（圖207—圖209）

圖209

圖210

圖211

（五十八）雲　手

動作與養生功能同(二十九)雲手。（圖210—圖220）

圖212

圖213

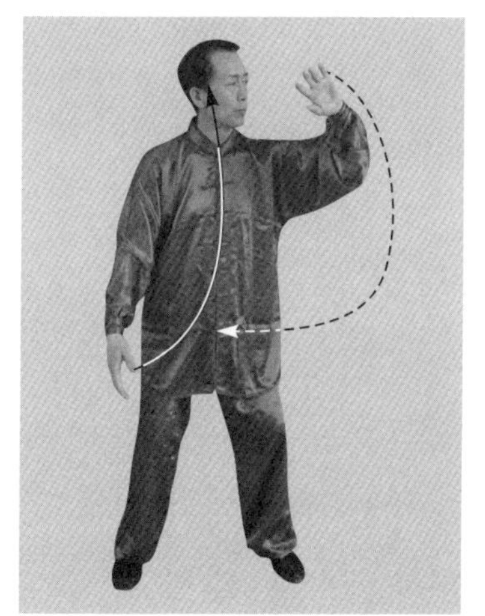

圖214

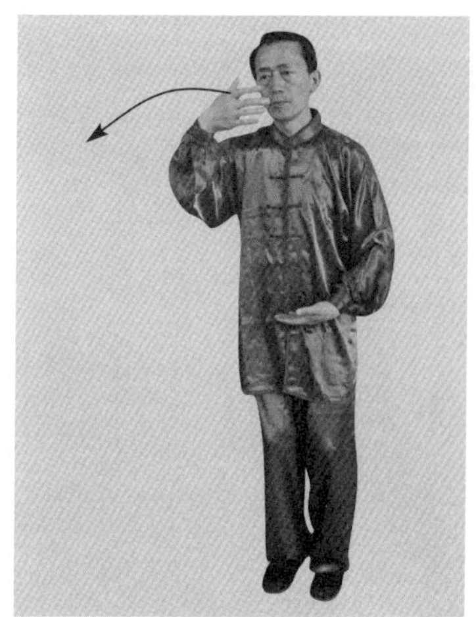

圖215

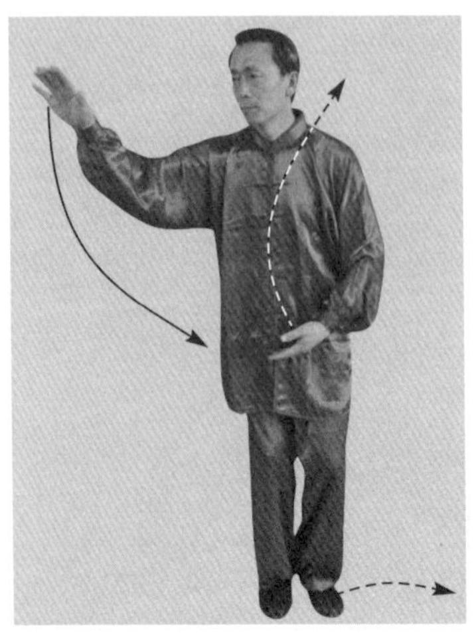
圖216

圖217

圖218

圖219

圖220

圖221

圖222

（五十九）單　鞭

動作與養生功能同（三）單鞭。（圖221、圖222）

圖223

圖224

（六十）下　勢

身體右轉，重心右移，上身微前俯，右腳尖外撇15° ，右腿彎曲下蹲，以左腳掌爲軸，腳跟外蹬，左膝伸直自然鋪平，成左仆步；同時，左掌隨轉身向右回至右肩前，然後下沉，掌心朝外，順左腿內側，向前穿出；右臂微外旋，勾尖朝下，隨右腳外撇於右後方平舉，沉肩墜肘關節舒鬆；目視左掌。（圖223—圖225）

圖225

【養生功能】

下蹲要輕靈，不能坐死，左腳跟外蹬用平勁，粘黏地面走。此式可使人體在下蹲過程中，刺激足三陰經，在內氣的上引中起滋補作用。特別是婦女衝、任、帶脈分佈最密的部位得到了鍛鍊，其中包括中極穴、關元穴、氣海穴，它們都是任脈調節月經的重要穴部，具有行氣、化淤、補陰、壯陽的作用。因此，也能調治男性腰酸、遺精的症狀。做仆步時，內氣主走手太陰肺經，由胸部至右手拇指端少商穴，對肺氣腫、百日咳、氣管炎、膈肌痙攣等病症，均有調理功能。

（六十一）左金雞獨立

重心左移，身體左轉漸直起，左腳尖微外撇，左膝前弓，右腿蹬直，右腳尖內扣，隨即右腳提起，經左腳內側屈膝向上，成左獨立勢；同時，右勾手變掌，隨右腿起勢外旋向前上方畫弧上挑，至右腿上方，屈肘與膝相對，指

圖226

圖227

圖228

尖與鼻同高，掌心朝左；左手內旋下落按於左胯旁，掌心朝下，指尖朝前；面向正東，目視右掌。（圖226—圖228）

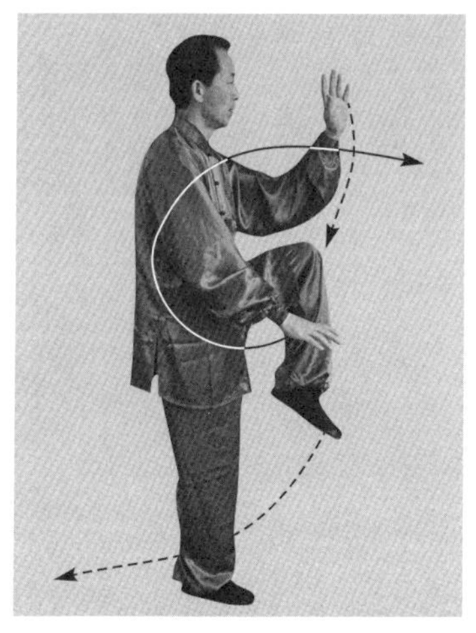

圖229

（六十二）右金雞獨立

右腳下落於左腳跟旁，腳尖稍外撇，重心右移，左腿屈膝提起，成右獨立勢；同時，左掌隨左腿起勢由下向前上方畫弧上挑，至左腿上方，屈肘與膝相對，指尖與鼻同高，掌心朝右；右手內旋，下落，按於右胯旁，掌心朝下，指尖朝前；目視左掌。（圖229）

【養生功能】

前一式下勢將氣血引導下行，再提升起來。此式將氣血繼續上引，通過人體左右平衡、上下平衡，達到調節陰陽失衡的作用，對於陰陽失衡症有益（陽虛症表現為畏寒怕冷，尿頻尿急；陰虛症表現為燥焦潮熱，咽乾舌裂，乾枯消瘦）。單足獨立動作能引導元氣上行，尤其是針對足陽明胃經、足少陰腎經和足厥陰肝經運氣，對於下肢病痛、腎虛腰

瘀及肝病患者有所補益。

（六十三）倒攆猴

左腳向左後落步，重心後移，身體微左轉下坐，右腳跟微抬起，成右虛步；同時，右手向後上、向前畫弧推出，掌心朝前，指尖高與鼻平；左手外旋下落於腹前，手心朝上；面向正東，目視右手。（圖230）

圖230

其他動作與養生功能同（十八）倒攆猴。（圖231—圖238）

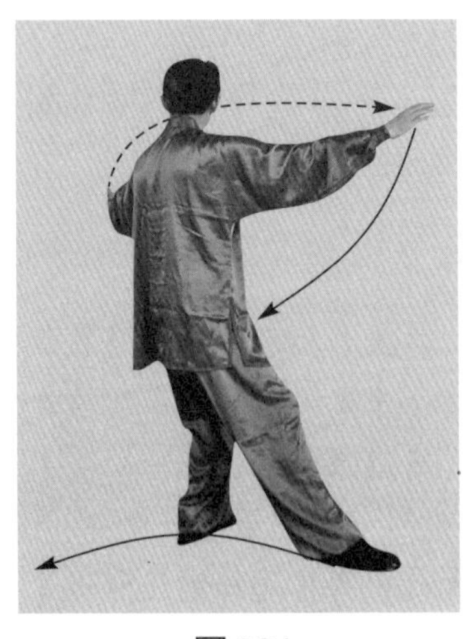

圖231

圖232

圖233

圖234

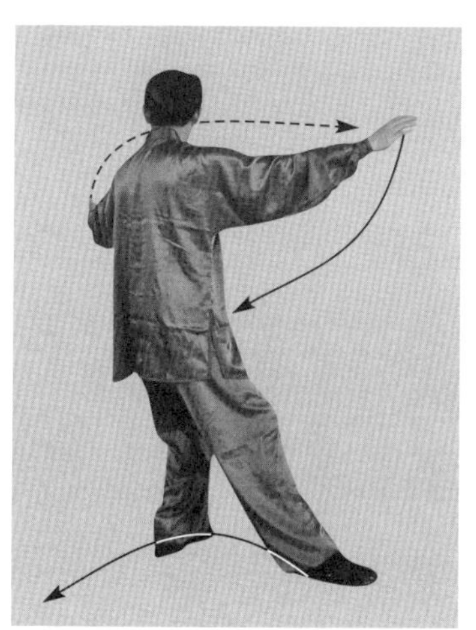

圖235

圖236

圖237

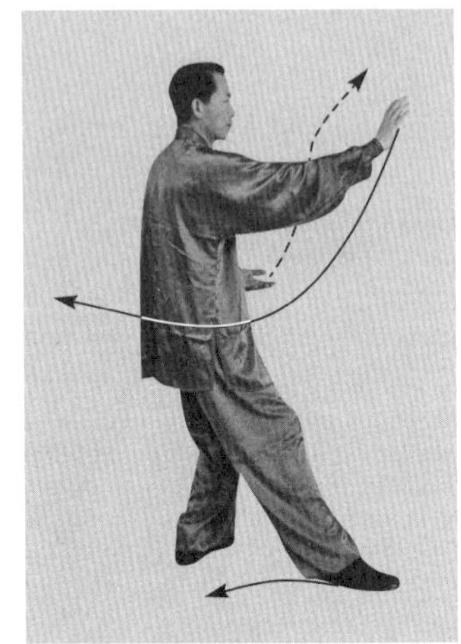
圖238

圖239

圖240

（六十四）斜飛勢

動作與養生功能同(十九)斜飛勢。（圖239—圖241）

圖241

圖242

圖243

（六十五）提手上勢

動作與養生功能同(二十)提手上勢。(圖242、圖243)

圖244

圖245

（六十六）白鶴亮翅

動作與養生功能同（五）白鶴亮翅。（圖244、圖245）

圖246

圖247

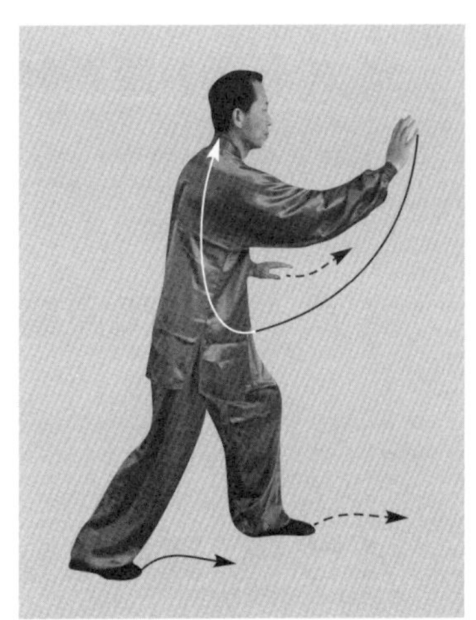

圖248

（六十七）左摟膝拗步

動作與養生功能同(六)左摟膝拗步。(圖246—圖248)

圖249

圖250

（六十八）海底針

動作與養生功能同（二十三)海底針。(圖249、圖250)

（六十九）閃通臂

動作與養生功能同（二十四）閃通臂。（圖251）

（七十）翻身撇身捶

動作與養生功能同（二十五）撇身捶。（圖252、圖253）

圖251

圖252

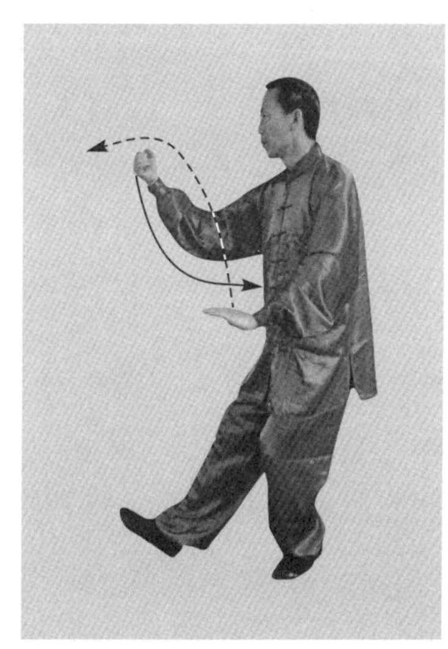

圖253

圖254

圖255

（七十一）進步搬攔捶

動作與養生功能同（十三）進步搬攔捶，唯動作方向相反，面向正西。（圖254—圖258）

（七十二）上步攬雀尾

重心後移，左腳尖外撇，重心前移至左腿，身體左轉，右腳上步於左腳內側點地；同時，左手微向上，左臂屈肘置於胸前，手心斜朝下；右手外旋，向下、向裡畫弧置於腹前，手心斜向上，雙手成抱球狀；目視右側。（圖259）

圖256

圖257

圖258

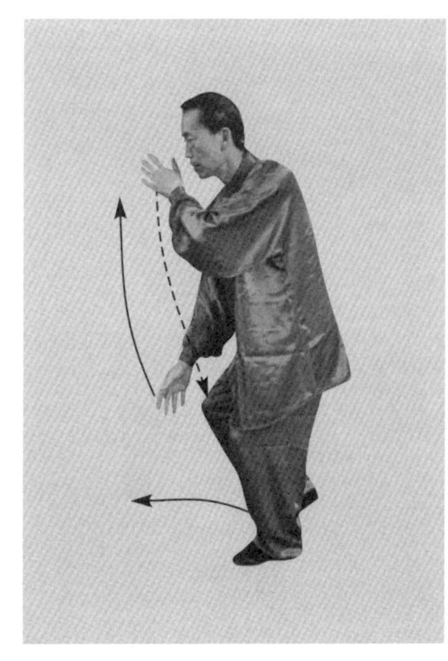

圖259

圖260

圖261

圖262

圖263

其他動作與養生功能同（二）攬雀尾。（圖260—圖268）

圖264

圖265

圖266

圖267

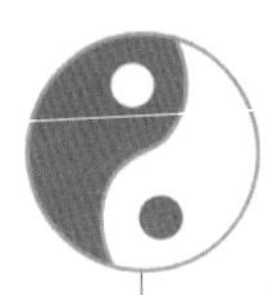

圖268

圖269

圖270

圖271

（七十三）單　鞭

動作與養生功能同（三）單鞭。（圖269—圖271）

圖272

圖273

圖274

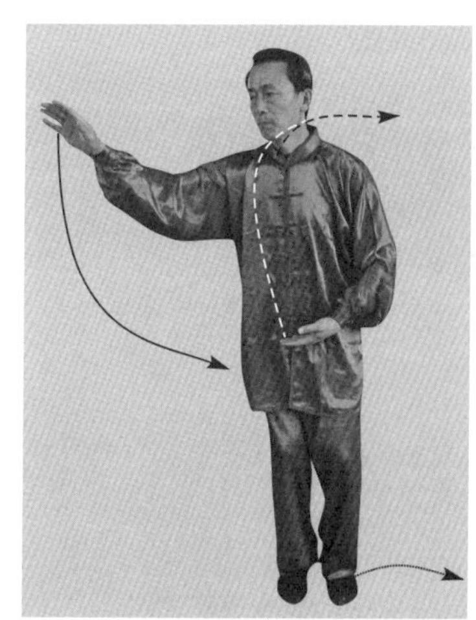

圖275

（七十四）雲　手

動作與養生功能同(二十九)雲手。（圖272—圖282）

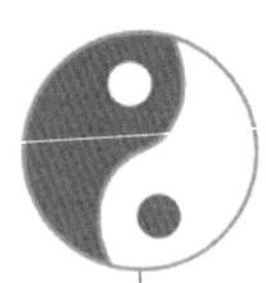

圖276

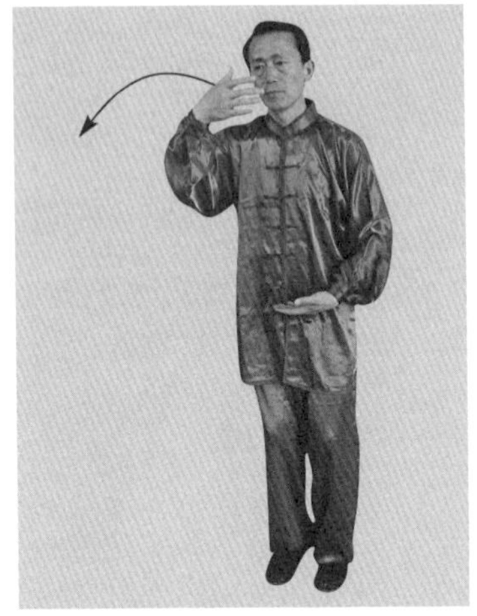
圖277

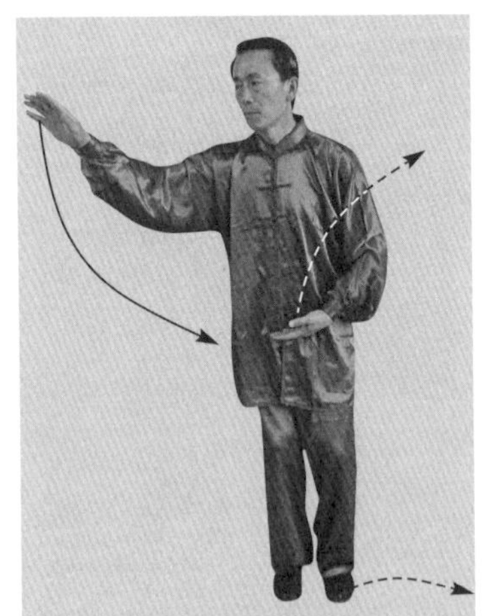
圖278

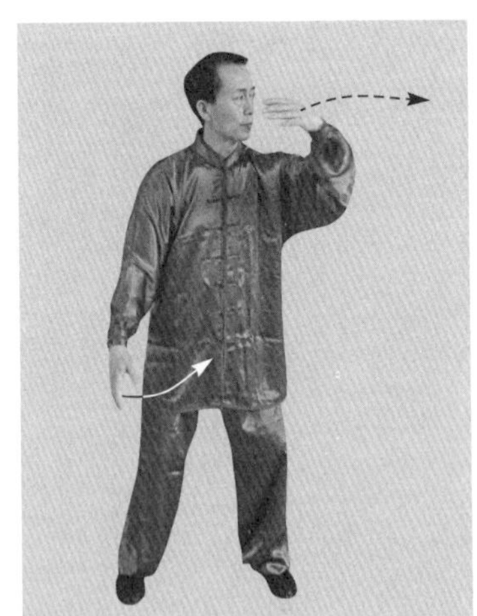
圖279

圖280

圖281

圖282

圖283

圖284

（七十五）單　鞭

動作與養生功能同（三）單鞭。（圖283、圖284）

圖285

圖286

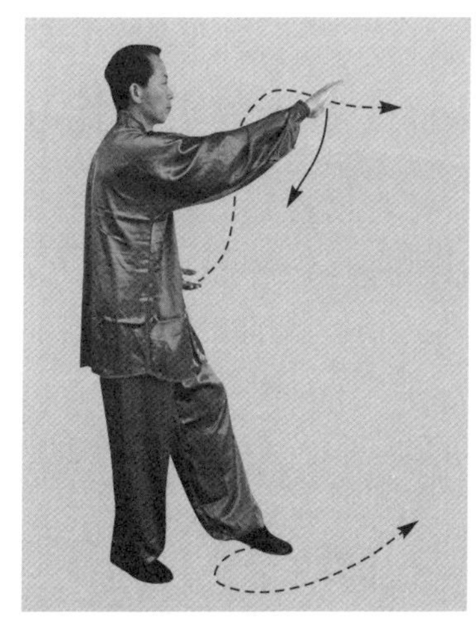

圖287

（七十六）高探馬

動作與養生功能同(三十一)高探馬。(圖285—圖287)

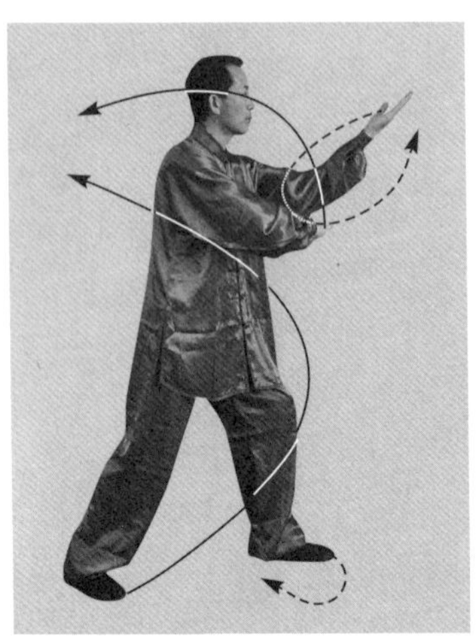

圖288

（七十七）白蛇吐芯

左腳提起，稍撤，右腿微屈，右腳踏實，左腳向前邁出半步，左腿屈膝前弓，成左弓步；同時，右臂屈肘稍下落，橫於胸前，右掌內旋回收，落於左腋下，掌心朝下；左手經右手背上方穿出，掌心斜朝上，指尖與眼平；面向正東，目光平視。（圖288）

【養生功能】

此式內氣主走手陽明大腸經，從食指末端商陽穴起，經手臂外側，肩峰前至鼻側，內行於肺、大腸，主理肩背部氣血不足，降逆通絡，調和營衛，散內祛濕，活絡止痛。

圖289

（七十八）轉身單擺蓮

左腳內扣，身體向右轉，右手向右上畫弧，手心朝外，左手經右胸向左下畫弧，手心朝內；重心移至左腳，提起右腳，隨身體轉至面朝南時，右腳從下經左往上用腳外側向右抽擺至肩高時，右手拍擊右腳面，左手向左撐出，與肩同高；目視右手。（圖289）

【養生功能】

此式內氣主走足太陰脾經，此經起於大腳趾，沿腿內側至腹部，行至食道。對消化系統有所補益。

腳與右手為合勁，走手少陰心經，此經從肋下沿臂內側行至小指，再內歸於心臟。此經有寧心安神、清熱熄風、理血通經的功能，主治心悸、心痛、失眠健忘、煩躁

圖290

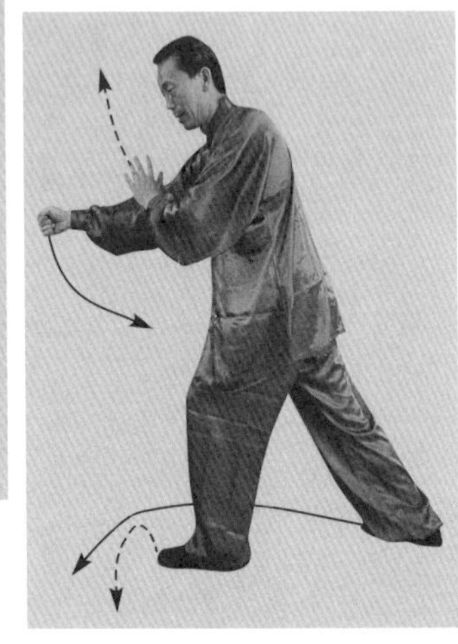
圖291

不安等症。

左手展纏絲勁，走手太陽小腸經，此經起於小指，沿肘內側上行肩頸，耳中，內行至心包。對於癲狂、頭暈目眩、口腔炎、過敏性結腸炎等有一定療效。

（七十九）摟膝打捶（進步指襠捶）

右腳向左腳外側下落，腳尖朝西北隅位內扣，身體左後轉，左腳向前邁一步，左腿屈膝前弓，成左弓步，鬆腰鬆胯；同時，右手隨轉身經腹前收至右腰側，右掌變拳，從左膝前摟過至左胯旁向前打出，肘微屈，拳眼朝上；左手順時針畫弧經左胸前下落至右肘旁，手心朝右；面向正西，目光平視。（圖290、圖291）

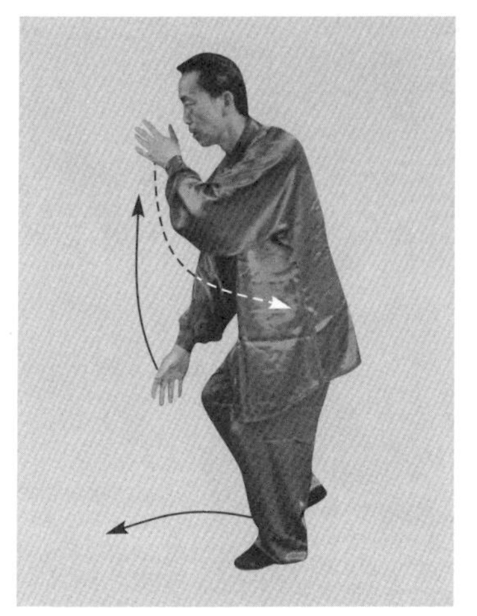

圖292

圖293

【養生功能】

此式內氣主走手少陽三焦經，起於無名指末端關衝穴，從手背沿手臂下側，經肩頸至眼下，內行於心包、三焦部位，主理上肢病痛，如肩周炎、上肢麻痹、肩重不舉等。此式內氣還主走足少陽膽經，起於眼旁，沿頸經腋下，腿外側至腳四趾外側，內行於肝、膽，主理下肢疾患，如下肢痿痹、膝脛酸痛、坐骨神經痛、踝關節腫痛等。

（八十）上步攬雀尾

動作與養生功能同（二）攬雀尾。（圖292—圖299）

圖294

圖295

圖296

圖297

圖298

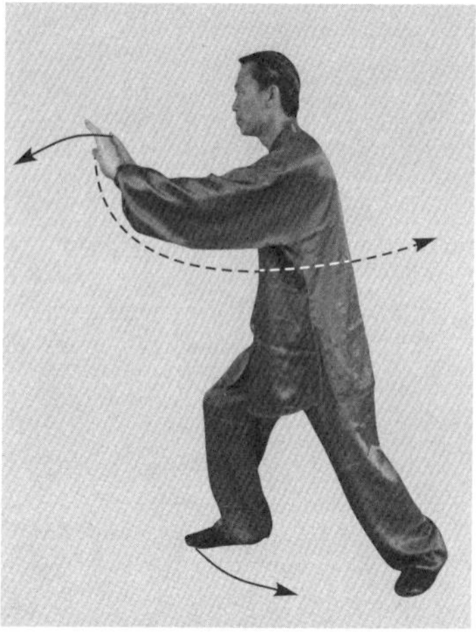

圖299

圖300

圖301

（八十一）單鞭下勢

動作與養生功能同（三）單鞭與（六十）下勢。（圖300—圖305）

圖302

圖303

圖304

圖305

圖306

圖307

（八十二）上步七星

身體前起左轉，重心漸移至左腿，左腿屈膝前弓，左腳尖微外擻，右腳提起向前邁半步，腳尖點地，右腿虛左腿實，成右虛步；同時，右勾手變拳由下向胸前擊出，左掌上抄至胸前，拳掌相互交叉，沉肩掤起在胸前形成十字手，右拳在外拳心朝前，左掌心朝前下方；面朝東南，目光平視。（圖306、圖307）

【養生功能】

此式主要為右腳隨重心前移向前上步，氣血沉於右下肢，以下催上，主走足少陽膽經，此經起外眼角，一支沿項部、肩上、腋下、胸側、胯關節、大腿外側、膝外側、腓骨下段，外踝之前沿足背進入第四趾外側。另一支沿耳

圖308

圖309

後、耳中、耳前，至外眼角後，內行於肝、膽，主理胸肋脹痛、胃脘痛、舌酸、腹脹、氣逆等病症。

（八十三）退步跨虎

身形調正，右腳內旋，經左踝內側向右後退一步，左腳略後提，腳尖點地，身體微右轉，重心右移，同時，右拳左掌向下、向左右分開，右拳變掌向上畫弧至右額前，掌心朝前，左掌向下畫弧落於左胯側，掌心朝外下方；面向東，目光前視。（圖308、圖309）

【養生功能】

右腳向後輕靈開步，兩臂纏絲勁合於兩手。此式內氣主走手太陰肺經和手陽明大腸經，兩經互為表裡。主理咳嗽、氣喘、咯血、心胸、煩滿、心痛、喉痹、胸背痛等病

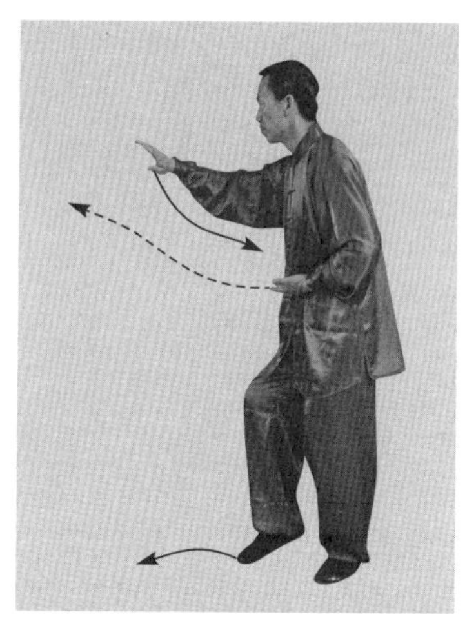
圖310

圖311

症。咳嗽不僅來自於肺部，五臟六腑病變都會引起咳嗽，這裡主指肺咳，肺主皮毛，由皮毛侵入的邪氣，傳至肺臟；由肺部吸收的寒氣，引起肺寒，導致肺咳。

（八十四）轉身雙擺蓮

1. 左腳尖內扣踏實，重心移至左腿，身體向右後方轉180°，右腳點地提起向前上步；同時，左掌經左腰側自右手腕上方穿出，手心朝斜上方；右掌逆時針畫弧下落於左胸前，掌心朝下；面向正西，目視左手。（圖310、圖311）

2. 重心後移，身體帶動手臂右轉，沉腰提胯，右腿抬起，右腳從左向右上方弧形擺出，膝部自然微屈，腳不過肩；同時，右手順左臂向右側上舉，兩手經頭上方自右向

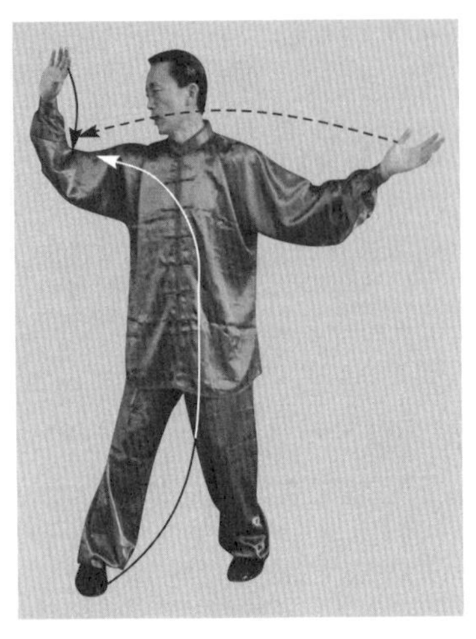
圖312

圖313

左擺過拍擊右腳面（左先右後）；目視雙掌。（圖312、圖313）

【養生功能】

此式由擺腿及腳搆手的姿勢，達到手三陽經和足三陽經的貫通。提腿時，隨著腿的外擺過程，有一個暫短的閉吸經過，內氣走手太陽小腸經。隨後是深長的呼吸，這屬於泄法。從形體上看，此功可使髖關節、膝關節、肩關節、肘關節都受到振動，能打通與關節相連的穴位，對關節方面的疾病有防治作用。

（八十五）彎弓射虎

1. 左腿下沉彎曲，右腳向右前方落下，腳跟先著地，重心右移，右腳掌踏實，身體右轉；同時，兩手經身前向

圖314

圖315

下擺動變拳，置於腹前，拳心均向上；目視前方。（圖314）

2. 右腿屈膝前弓，蹬左腿，成右弓步，沉腰鬆胯，含胸拔背；同時，隨上身左轉右拳隨臂內旋，經右耳側轉至右額前，拳心朝外；左臂外旋上繞，左拳經胸前擊出，拳眼朝右上方，兩拳虎口相對，不聳肩、俯身、抬肘；面向西南，目視左拳。（圖315）

【養生功能】

動作1內氣主走足少陰腎經，此經起於小腳趾之下，斜走足心，經腿內側上行至腹部、胸部，內行於脊柱、腎，主理中風、心痛、腰痛、腹脹等疾患。

動作2內氣主走手厥陰心包經，此經起於肋下沿手臂

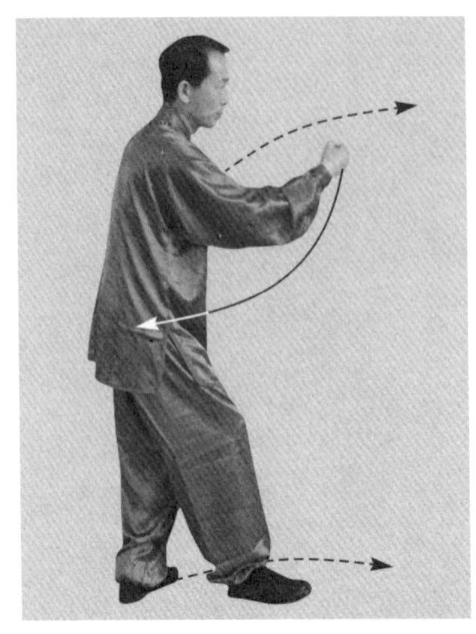

圖316

圖317

內側行至中指末端中衝穴，內行於心包、三焦，主要功能為補益心氣、清熱解毒，對於心肌、支氣管、胃部的一些疾患有所緩解。

（八十六）進步搬攔捶

重心先左移，右腳尖內扣，重心再右移，左腳尖外撇，身體左轉，右腳向前上一步，腳跟著地；同時，左拳隨轉體變掌，向下、向左畫弧於左胯側，手心朝下；右拳向裡、向前搬出，拳心朝裡；面向東，目視前方。（圖316）

其他動作與養生功能同（十三）進步搬攔捶。（圖317、圖318）

圖318

圖319

圖320

圖321

（八十七）如封似閉

動作與養生功能同（十四）如封似閉。（圖319—圖321）

圖322

圖323

圖324

（八十八）十字手

動作與養生功能同(十五)十字手。（圖322—圖324）

圖325

圖326

（八十九）合太極

1. 兩手前伸，向左右兩側分開，與肩同寬時，兩臂內旋，掌心朝下，兩肘鬆沉，兩掌緩緩下落按至胯前，手指朝前；面向正南，目視正前方。（圖325、圖326）

2. 全身放鬆，虛領頂勁，左腳向右腳靠攏；同時，兩手自然垂於雙腿外側，氣歸丹田，斂氣凝神；目光前視。（圖327）

【養生功能】

身體下沉時，不能彎腰，內氣走手少陰心經，能寧心安神。兩手畫弧交叉時鬆肩沉肘，走手太陽小腸經，能通經活絡。腳步虛起、雙手下按時，內氣自督脈下端上引

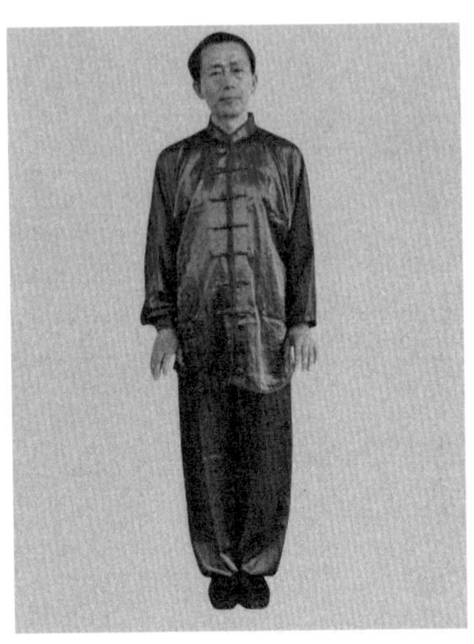

圖327

（起於小腹內，下出於會陰部，向後行於脊柱的內部上行），再配合長吸短呼，能補益脾腎肝氣。口中津液待收勢時再慢慢咽下，唾液中包含的多種酶、維生素、激素、無機鹽、蛋白質等能增強人體免疫力。兩手下落時，呼氣略延長，待呼吸平穩後再收左腳，內氣走足少陰腎經，歸於丹田，能醒腦開竅。還原後不宜立即做激烈運動，應緩慢走動或休息，使氣血行走回歸於無極狀態。

孫德明老師授拳印象

孫德明老師傳授的楊式太極拳，是和汪永泉先師一脈相承的。他的示範動作和內功運用突出了招中有術、術中有招的特點，表現出理論和方法應用於技擊的奧妙。孫老師在教學過程中，經常教導學生：太極功夫的提高，關鍵在於內氣的培養，而內氣在技擊中發揮作用，必須透過身形、手勢巧妙施展。

孫老師追隨汪永泉先師多年，他能夠較好地接受汪永泉先師傳授的有利條件是：自幼習武所打下的堅實基礎，他早年便學過楊式太極拳小架套路及技擊功法，在進入汪門之前，曾師從楊式太極拳傳人崔毅士10年。

孫老師博採各家之長，融化在自身的功夫之中，最終接受了汪脈內功的精髓，形成他個人以汪脈爲主流的楊式太極功夫。孫老師不但繼承了汪永泉先師獨特的技擊功夫，而且發揚了汪永泉先師的高尚品德。他德高望重、學風嚴謹、爲人和善。目前的孫老師已年過八旬，依然主持教學，並且在弟子的協助下，根據親身體驗研究楊式太極功夫的理論與實踐，著書立說，以了盡責的心願。

尊師重道是中華民族的美德，以積極的態度對待教學，善於解決傳承與創新的問題，師生們能夠開誠佈公的

溝通是孫老師授拳的特點。回顧楊式太極拳發展歷程，不難看出歷代宗師的共性和個性、進展和演變，沒有幾代人連續的鑽研和改進，就推不出完整的有價值的拳譜。人的自然條件和社會環境不同，決定各自的特點。在共同習練武功的時候，都會有每個人的體驗和理解，不可能完全一致。成績最好的門徒也難與師傅一模一樣。倘若停滯在模仿層次，就會失卻取得更高成就的機會。而武術界長期存在的缺憾正是「一代不如一代」，真正實現「一代比一代強」是很不容易的。

在中華武術蓬勃發展突飛猛進的今天，許多門派都有出色的表現。在媒體，特別是電視上頻頻出現奇異功夫的節目，能人高手層出不窮，不少門派的工作也走上現代化道路，形勢逼人，發人深省，催人奮進，時不我待。汪脈楊式太極功夫必須迎頭趕上。當前迫切需要的是，擺脫舊思想，接受新思維，作出無愧於時代的貢獻。

汪永泉先師爲楊式太極拳留下的寶貴遺產，應當進一步挖掘和整理。但是，許多太極拳愛好者仍處於只知其然，不知其所以然的地步。大家都在苦苦求索，探討其中的真諦。而這些奧秘並非太極拳界或一門學科可以勝任，需自然科學、生命科學等多方面共同協作，這也是許多有識之士多年的夙願。孫德明老師也是擔負這一使命的志願者之一。他與弟子們協作盡力，將有限的體驗、領會保留下來，以備後人進一步研究之用。

在楊式太極拳技擊功夫方面，汪永泉先師生前介紹過的勁法不下幾十種，《 楊式太極拳述真 》一書整理歸納出來的只是一部分。在一系列精彩勁法中，常爲人們所稱

道的是彈簧力的奧妙。就是內氣充盈達到鬆、散、通、空的程度所形成的「周身彈簧力」，使對方碰到我方任何部位時，都能反射到對方身上，使之自然彈跳出去。以至更高層次的神、意階段，用意念和眼神即可引導內氣運行。諸如這類優異的功夫，後人自當進行透徹的研究，並且練在自己身上，再傳給他人。

汪永泉先師在談到自己的功夫時，謙虛地說「其實我沒有什麼，只不過是熟練」，質樸的語言表達了確切的真理——奇異的功夫是勤學苦練、潛心鑽研的結果。想輕易地找到竅門是不現實的，空泛的議論更不等於練就真功。在拳譜著述中，以語言文字表達高深功夫，自然有其局限性。在寫作過程中出現重重困難是不可避免的，要突破很難說清楚的難點，就要對拳架儘量作出明確解釋，必須考察追溯前人的著述和文獻，探尋其根源及來龍去脈。

協助孫老師整理授拳經驗，闡明招中有術、術中有招、招術結合，需要付出艱辛的勞動，要有高度負責和真誠奉獻的精神，才能保證完成這一使命。對待寶貴的文化遺產，既要保持其本來面目，又要使後來人容易理解。從事這項工作，既要勇於探索，又要謙虛謹慎，盡可能使成果收到實效。書稿不但經孫老師指點，而且廣泛徵求了意見，接受批評和建議，進行了認真修改和補充。

太極功夫既要講究武藝，又要弘揚武德。達到一定層次的內功勁法，可能會使其他門派的對手折服。但是，太極功夫的基本精神應當體現在仁義舉止、平和心態，並非你死我活的爭鬥。處於趨向和平發展的當今世界，在技擊活動中更需要以善意切磋技藝，克服爭強好勝、獨霸一方

的意念。不鬥狠、不傷人，強調的是博採眾長、技擊與養生的互補。在眾多同道求索的路途中，如同在不同方向攀登一座高山，雖然路徑不盡相同，但頂峰卻是同一個。求同存異，各抒己見，團結奮進，尤爲重要。

孫德明老師教導學生時刻不忘言行一致的準則，整理並出版楊式太極拳大架、中架、小架系列解析的宗旨是，促進楊式太極拳繼承者們的交流與合作，使這項中華文化瑰寶能在世界上發揚光大。

弘揚太極文化更需要群策群力，互助合作，透過各種形式的交流，共同提高。整理孫德明老師的教學經驗，也要從幾代傳人的成就中汲取精華，並對不同的理解和想法作深入的研究，展開認真的討論。

下列拳照是孫老師於2002年拍攝的，年屆八旬仍風姿不減。此時他已完全進入以意導氣、以氣運身階段，對一些姿勢的準確到位忽略不計。在老拳友眼裡，這才體現了功夫的深入精湛。但對初練者恐有誤導，故選編了一部分拳照，以資參考。

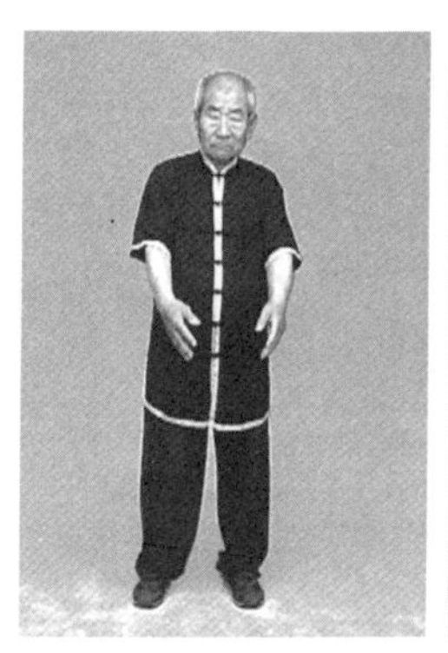
起 勢

攬雀尾勢

提手上勢

單 鞭

單 鞭

白鶴亮翅

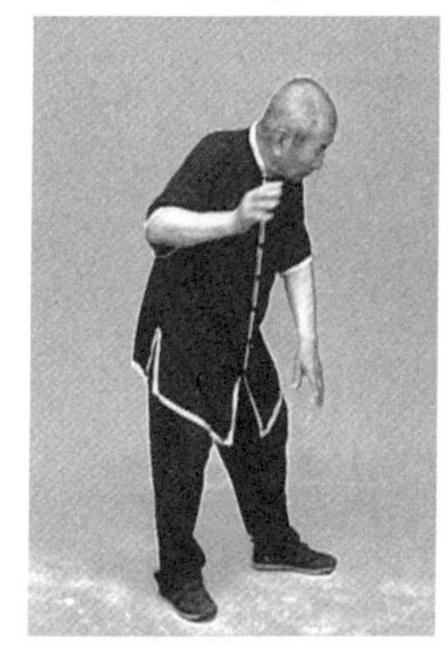
摟膝拗步

下 勢

右蹬腳

左蹬腳

轉身蹬腳

打虎勢

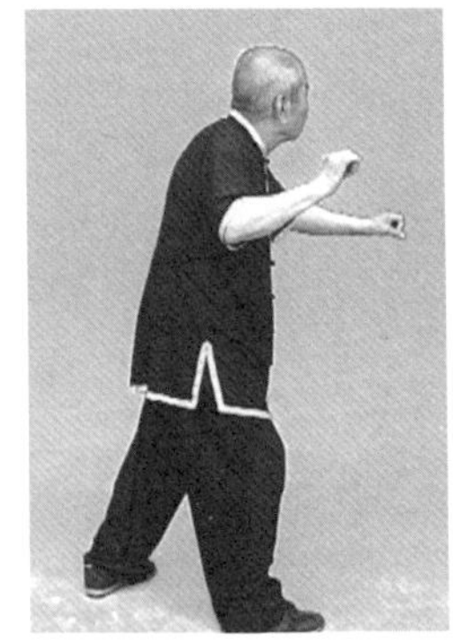
彎弓射虎

金雞獨立

單擺蓮

玉女穿梭

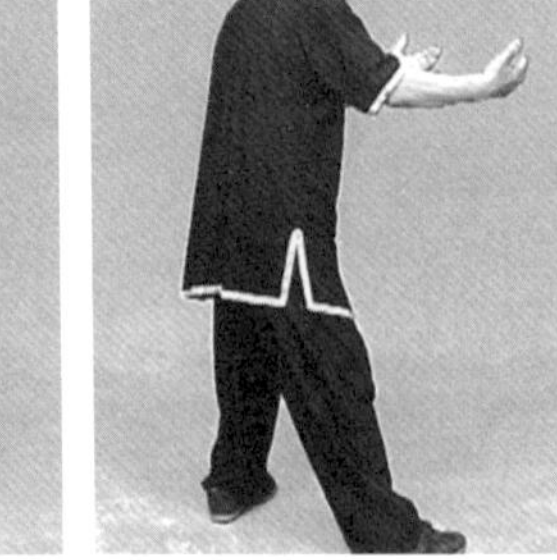
玉女穿梭

收勢

附錄

十四經絡圖

任脈

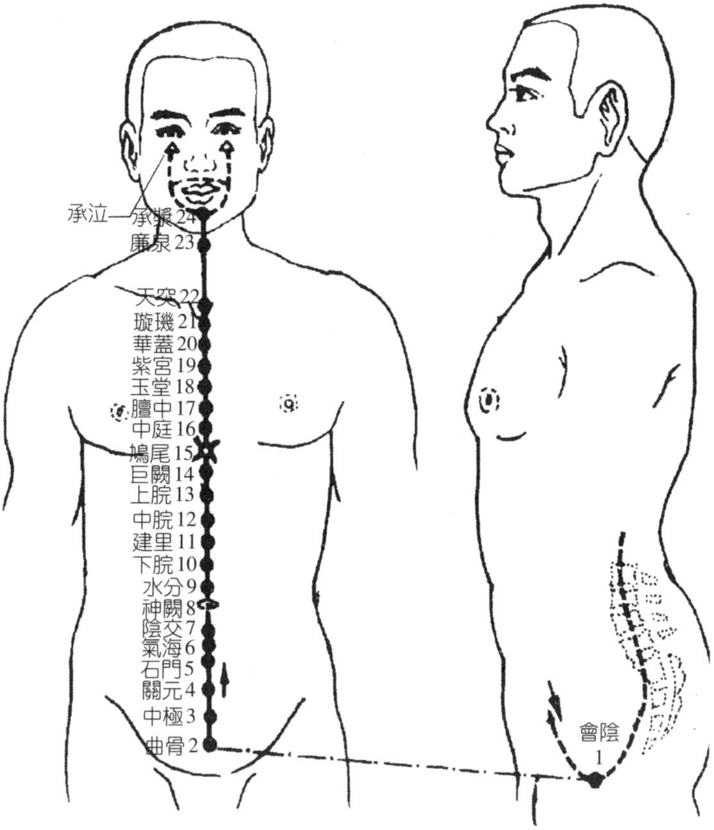

承泣—承漿 24
廉泉 23
天突 22
璇璣 21
華蓋 20
紫宮 19
玉堂 18
膻中 17
中庭 16
鳩尾 15
巨闕 14
上脘 13
中脘 12
建里 11
下脘 10
水分 9
神闕 8
陰交 7
氣海 6
石門 5
關元 4
中極 3
曲骨 2
會陰 1

督　脈

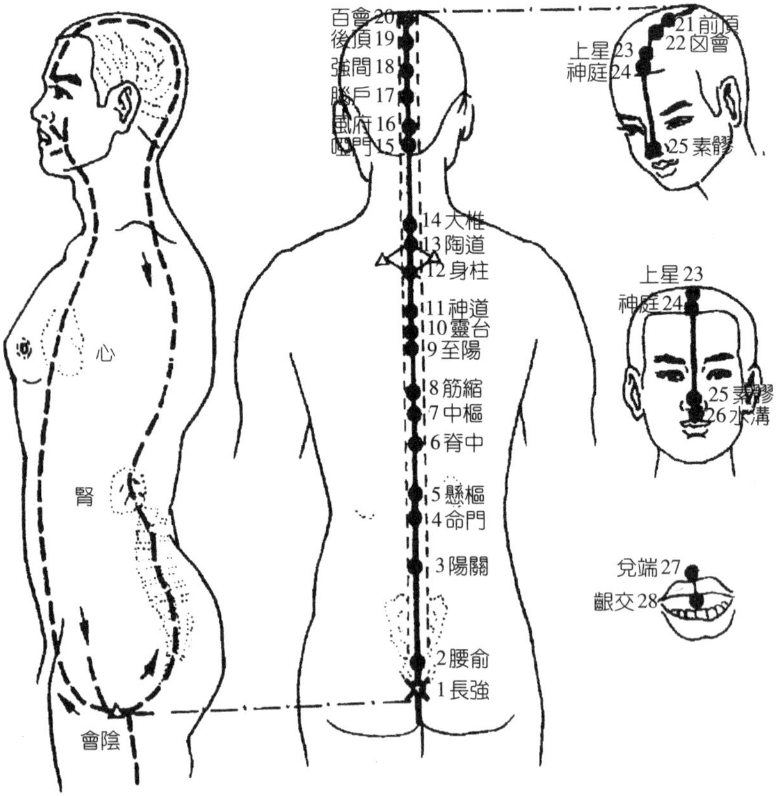

百會20
後頂19
強間18
腦戶17
風府16
啞門15
14大椎
13陶道
12身柱
11神道
10靈台
9至陽
8筋縮
7中樞
6脊中
5懸樞
4命門
3陽關
2腰俞
1長強
心
腎
會陰
21前頂
22囟會
上星23
神庭24
25素髎
上星23
神庭24
25素髎
26水溝
兌端27
齦交28

手太陽小腸經

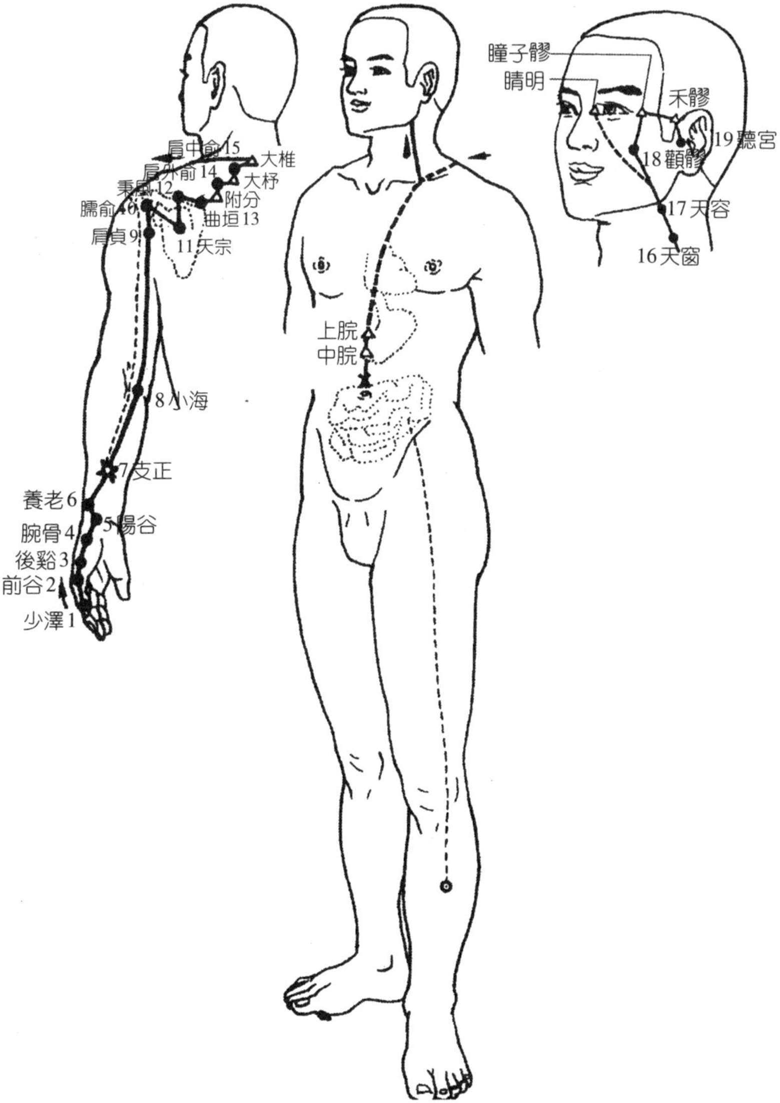

肩中俞15
大椎
肩外俞14
大杼
秉風12
附分
臑俞10
曲垣13
肩貞9
11天宗
上脘
中脘
8小海
7支正
養老6
5陽谷
腕骨4
後谿3
前谷2
少澤1
瞳子髎
睛明
禾髎
19聽宮
18顴髎
17天容
16天窗

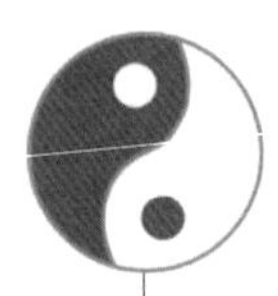

手少陽三焦經

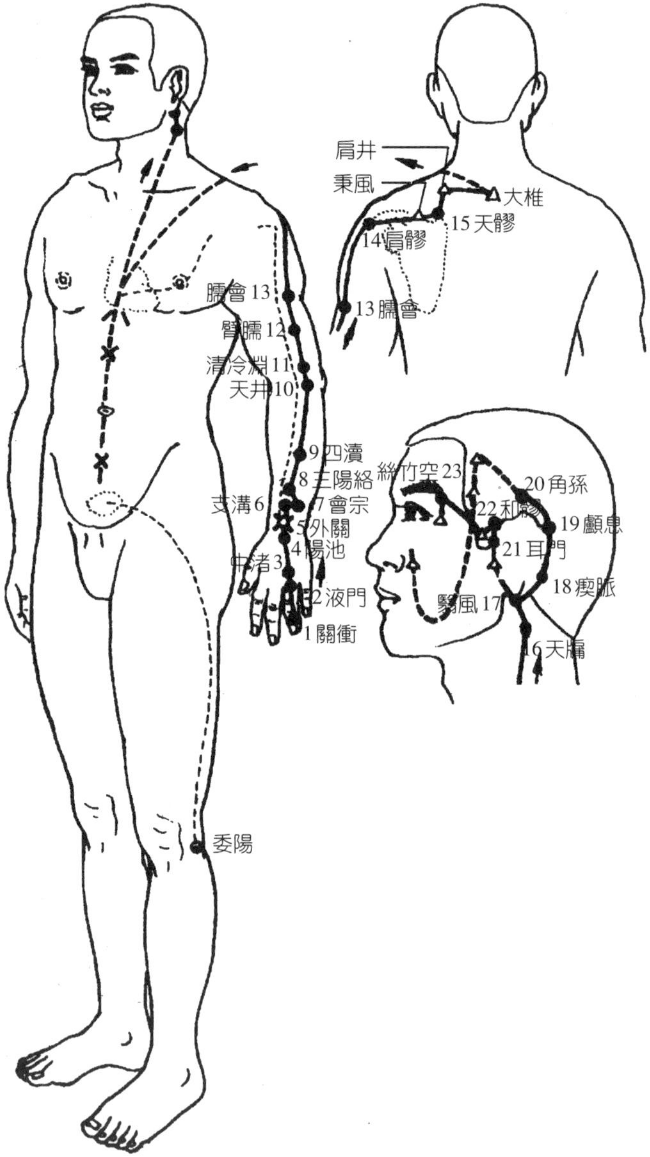

肩井
秉風
大椎
15天髎
14肩髎
13臑會
臑會13
臂臑12
清冷淵11
天井10
9四瀆
8三陽絡
支溝6
7會宗
5外關
4陽池
中渚3
2液門
1關衝
絲竹空23
20角孫
22和髎
19顱息
21耳門
18瘈脈
翳風17
16天牖
委陽

手陽明大腸經

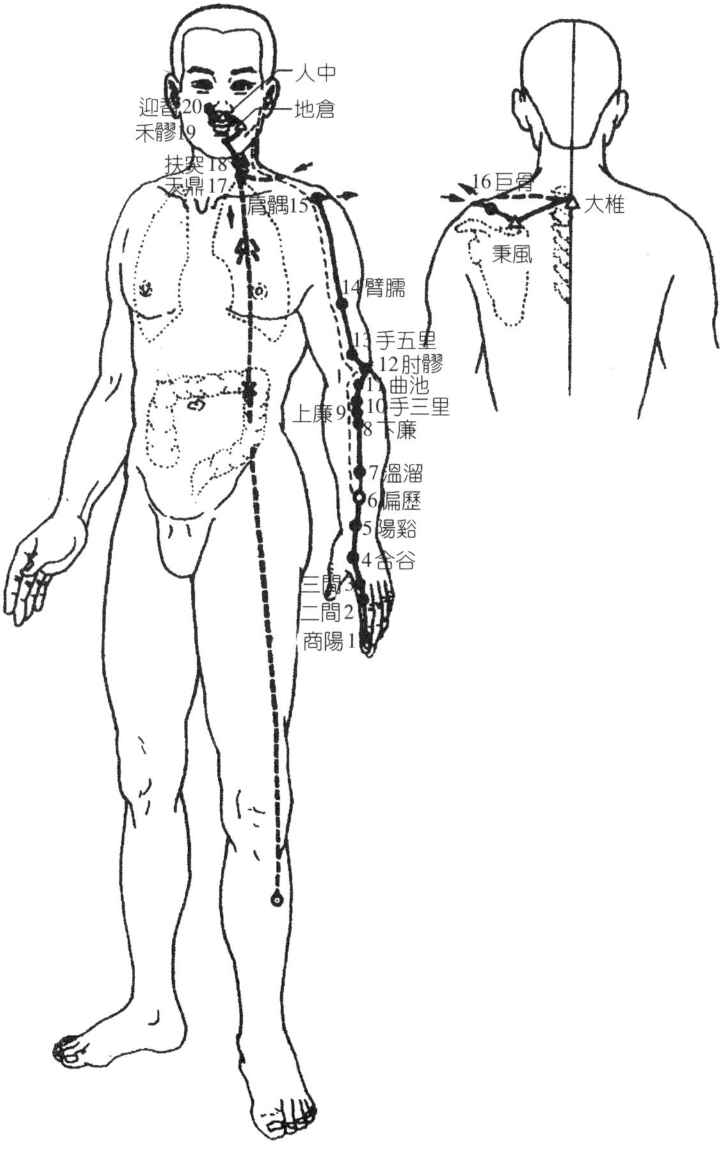

人中
迎香20
地倉
禾髎19
扶突18
天鼎17
肩髃15
14臂臑
13手五里
12肘髎
11曲池
上廉9
10手三里
8下廉
7溫溜
6偏歷
5陽谿
4合谷
三間3
二間2
商陽1
16巨骨
大椎
秉風

手少陰心經

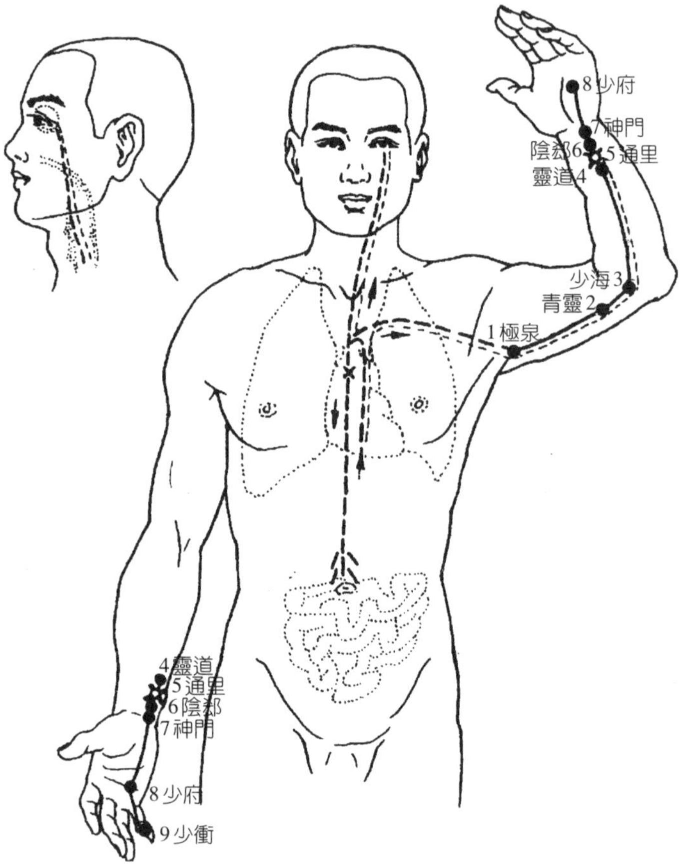

8少府
7神門
陰郄6
5通里
靈道4
少海3
青靈2
1極泉
4靈道
5通里
6陰郄
7神門
8少府
9少衝

手厥陰包心經

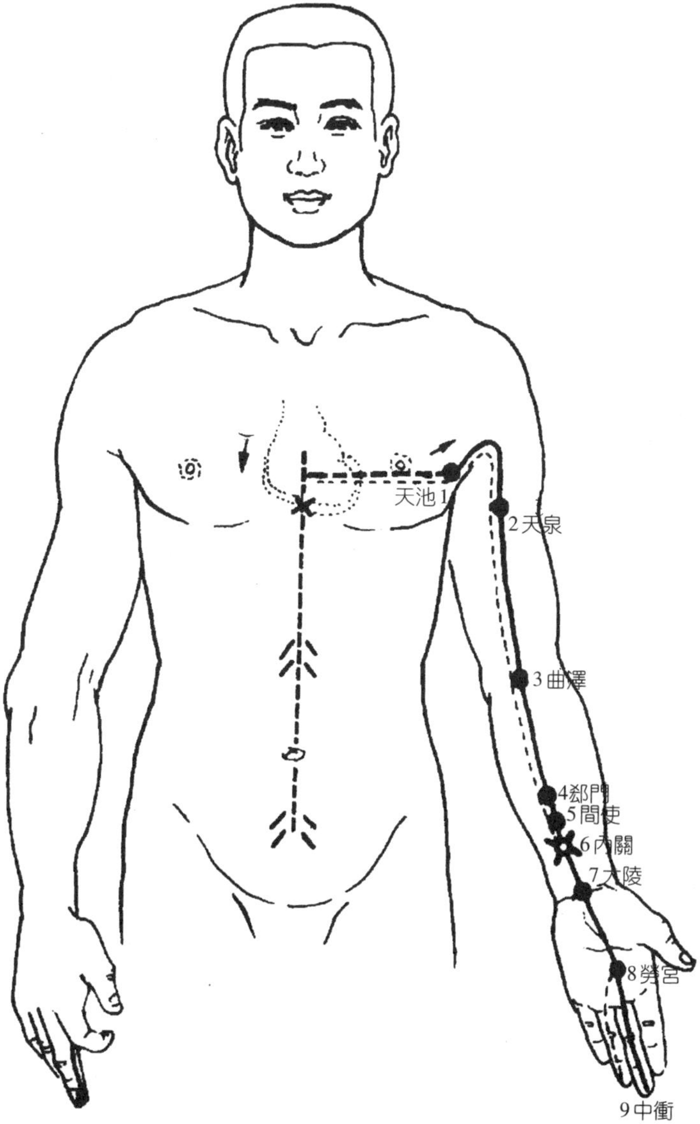

天池 1
2 天泉
3 曲澤
4 郄門
5 間使
6 內關
7 大陵
8 勞宮
9 中衝

手太陰肺經

2 雲門
1 中府
天府 3
俠白 4
5 尺澤
6 孔最
7 列缺
經渠 8
太淵 9
10 魚際
11 少商

足太陽膀胱經

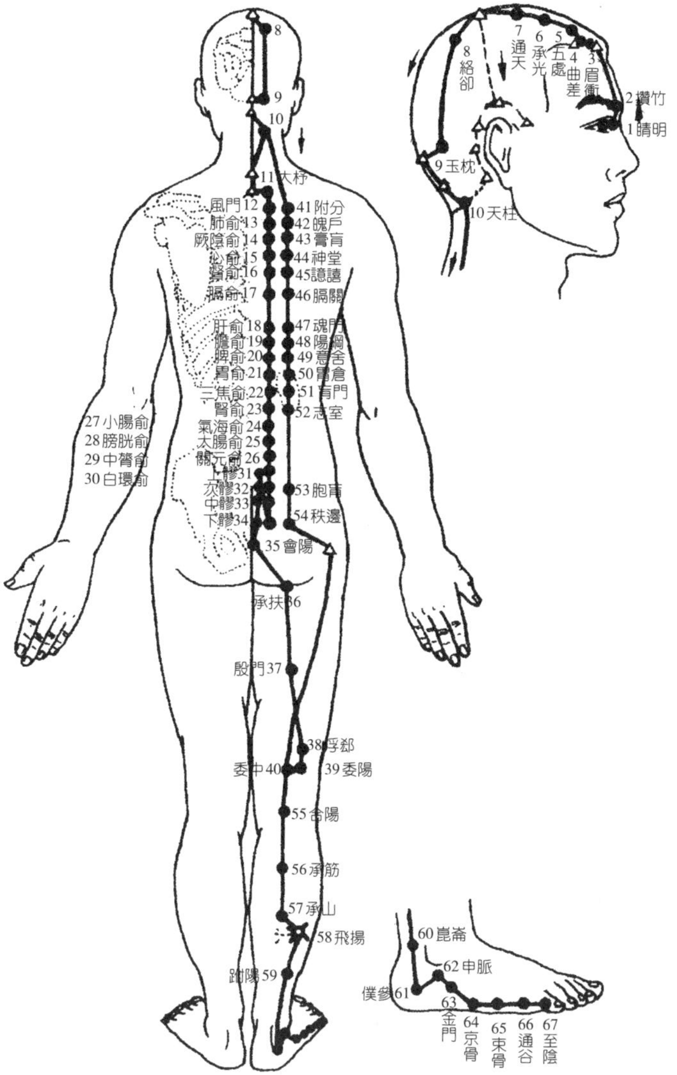

1睛明
2攢竹
3眉衝
4曲差
5五處
6承光
7通天
8絡卻
9玉枕
10天柱
11大杼
風門12
肺俞13
厥陰俞14
心俞15
督俞16
膈俞17
肝俞18
膽俞19
脾俞20
胃俞21
三焦俞22
腎俞23
氣海俞24
大腸俞25
關元俞26
27小腸俞
28膀胱俞
29中膂俞
30白環俞
上髎31
次髎32
中髎33
下髎34
35會陽
承扶36
殷門37
38浮郄
39委陽
委中40
41附分
42魄戶
43膏肓
44神堂
45譩譆
46膈關
47魂門
48陽綱
49意舍
50胃倉
51肓門
52志室
53胞肓
54秩邊
55合陽
56承筋
57承山
58飛揚
跗陽59
60崑崙
僕參61
62申脈
63金門
64京骨
65束骨
66通谷
67至陰

足少陽膽經

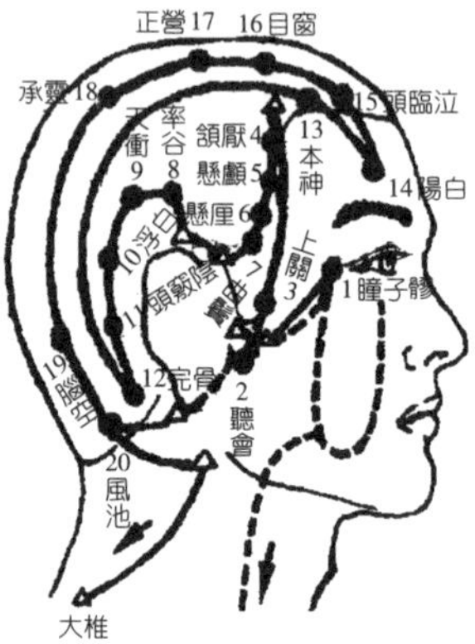

正營17
16目窗
承靈18
15頭臨泣
天衝9
率谷8
頷厭4
懸顱5
懸厘6
13本神
14陽白
10浮白
11頭竅陰
曲鬢7
上關3
1瞳子髎
19腦空
12完骨
2聽會
20風池
大椎
大椎 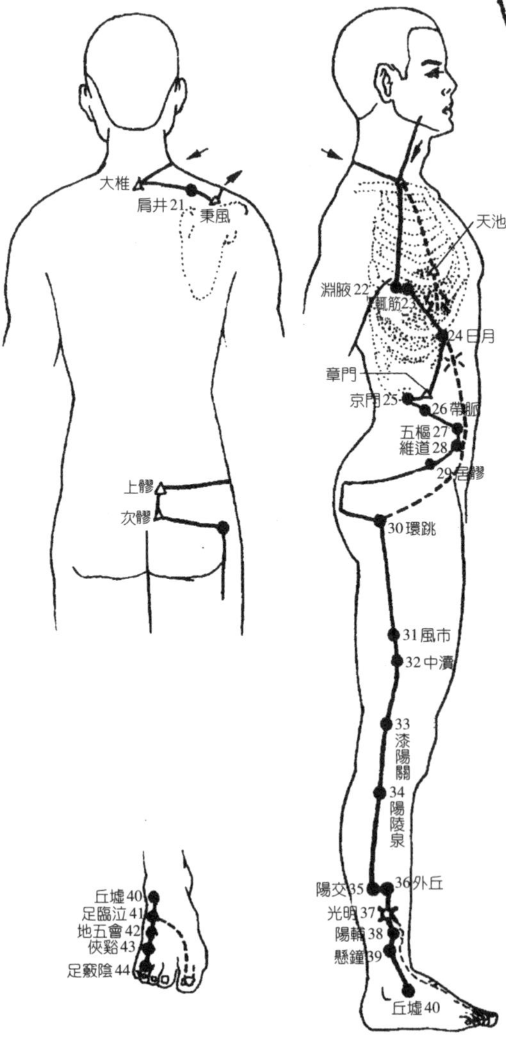
肩井21
秉風
天池
淵腋22
輒筋23
24日月
章門
京門25
26帶脈
五樞27
維道28
29居髎
上髎
次髎
30環跳
31風市
32中瀆
33漆陽關
34陽陵泉
陽交35
36外丘
光明37
陽輔38
懸鐘39
丘墟40
丘墟40
足臨泣41
地五會42
俠谿43
足竅陰44

足陽明胃經

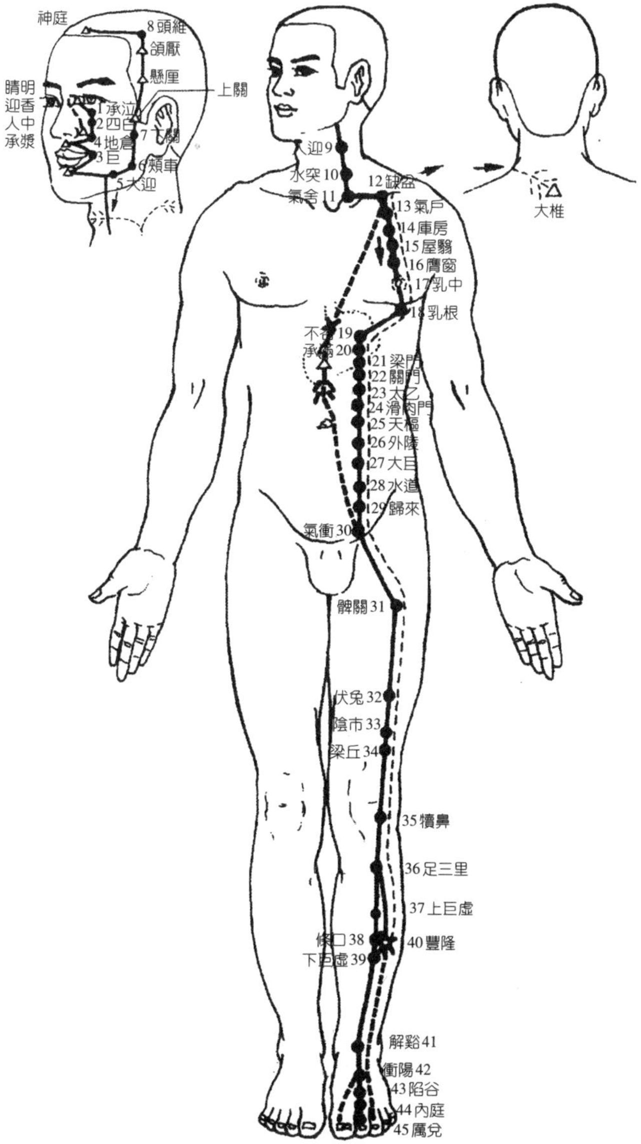

神庭
8頭維
頷厭
懸厘
上關
睛明
迎香
人中
承漿
1承泣
2四白
4地倉
3巨
7下關
6頰車
5大迎

人迎9
水突10
氣舍11
12缺盆
13氣戶
14庫房
15屋翳
16膺窗
17乳中
18乳根
不容19
承滿20
21梁門
22關門
23太乙
24滑肉門
25天樞
26外陵
27大巨
28水道
29歸來
氣衝30
髀關31
伏兔32
陰市33
梁丘34
35犢鼻
36足三里
37上巨虛
條口38
40豐隆
下巨虛39
解谿41
衝陽42
43陷谷
44內庭
45厲兌

大椎

足太陰脾經

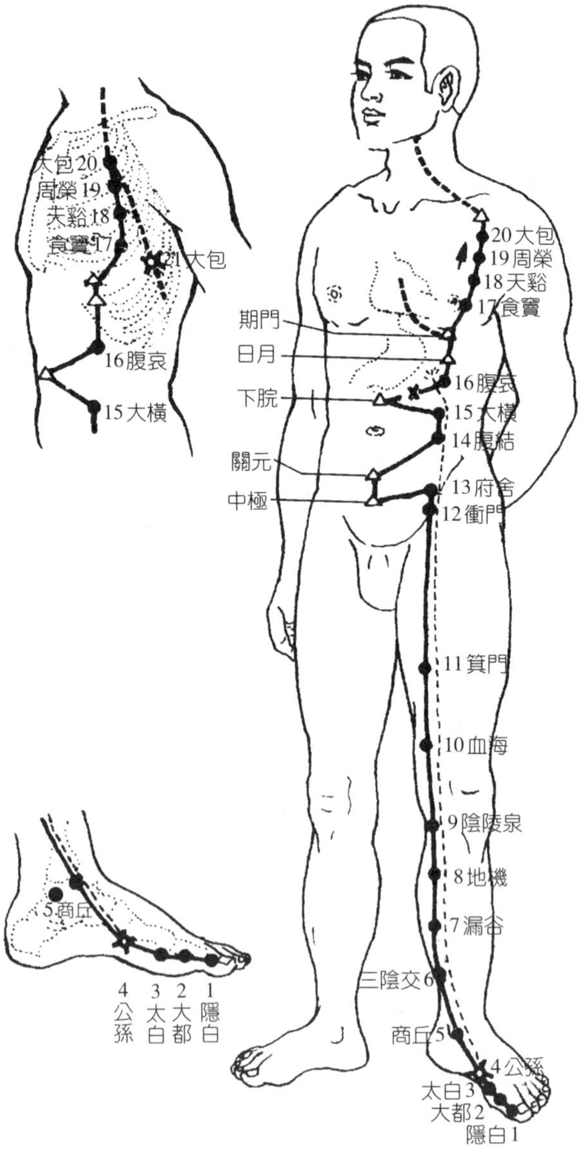

大包20
周榮19
天谿18
食竇17
21大包
16腹哀
15大橫

20大包
19周榮
18天谿
17食竇
期門
日月
16腹哀
下脘
15大橫
14腹結
關元
13府舍
中極
12衝門
11箕門
10血海
9陰陵泉
8地機
7漏谷
三陰交6
商丘5
4公孫
太白3
大都2
隱白1

5商丘
4公孫
3太白
2大都
1隱白

足少陰腎經

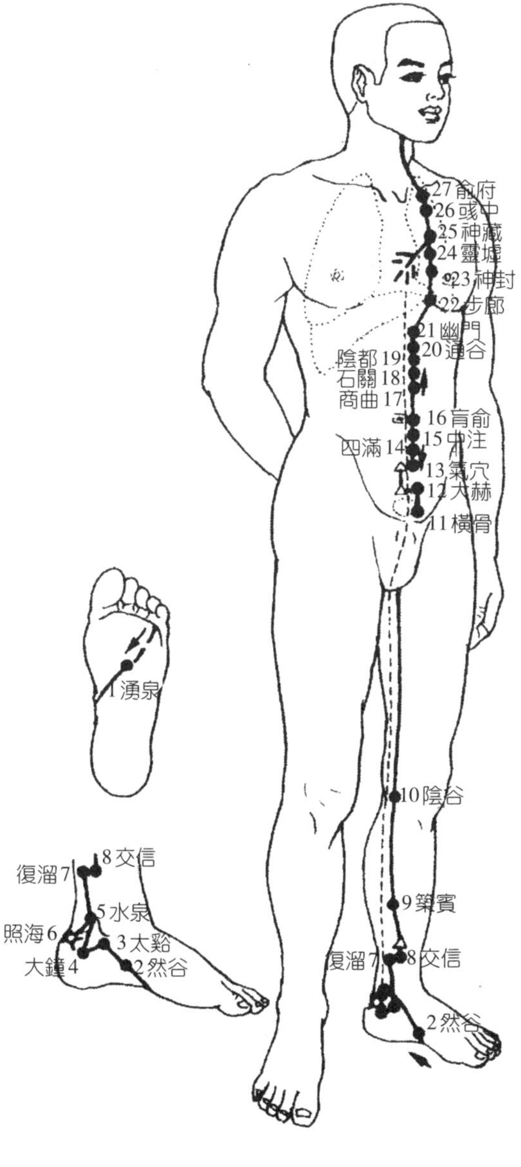

1 湧泉
2 然谷
3 太谿
大鍾 4
5 水泉
照海 6
復溜 7
8 交信
9 築賓
10 陰谷
11 橫骨
12 大赫
13 氣穴
四滿 14
15 中注
16 肓俞
商曲 17
石關 18
陰都 19
20 通谷
21 幽門
22 步廊
23 神封
24 靈墟
25 神藏
26 彧中
27 俞府

足厥陰肝經

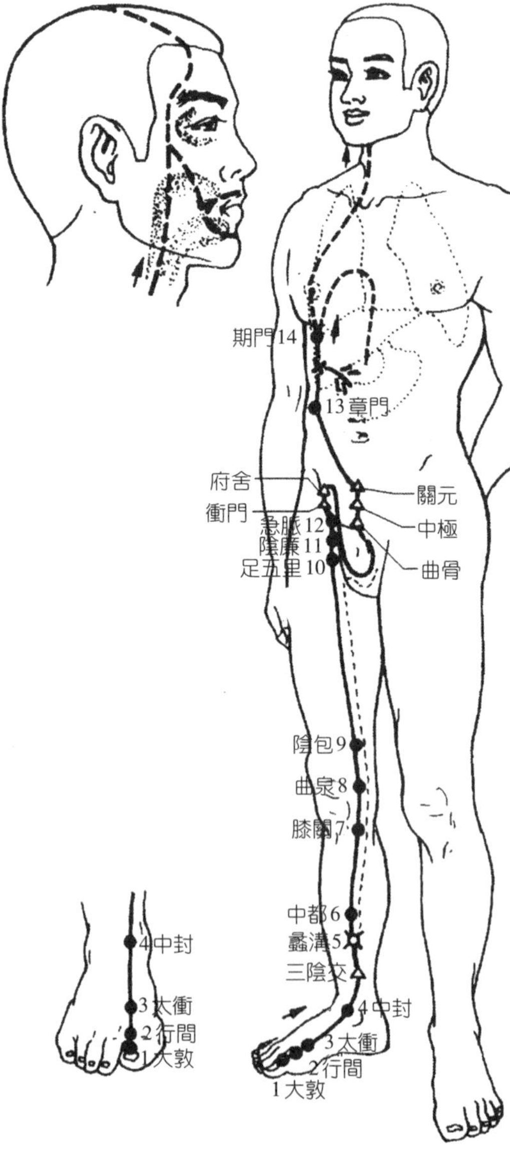

期門14
13章門
府舍
衝門
急脈12
陰廉11
足五里10
關元
中極
曲骨
陰包9
曲泉8
膝關7
中都6
蠡溝5
三陰交
4中封
3太衝
2行間
1大敦

4中封
3太衝
2行間
1大敦

後記

孫德明老師自幼喜愛武術，接觸並研習過多種拳術和套路，尤以對楊式太極拳追求一生，鑽研最深。他少年時即曾就教於武師啇寶善，追隨過崔毅士大師10年，師從過汪永泉大師10年。功底深厚、武德超群。在孫老師年近86歲高齡之際，總結、彙集、解析孫老師對楊式太極拳的內功體驗和大、中、小三套拳架，使其體現的傳統太極拳精髓的原汁原味得到挖掘和傳承，已經刻不容緩，雖然課題組成員齊一、趙樹楓、楊瑞、馬京鋼、李貴臣、張振江、齊犁深感時間緊迫，力不從心，仍無法推卸肩負的義務和責任。

我們的倡議得到了北京市哲學社會科學規劃辦公室的積極贊助，將「關於楊式太極拳之挖掘、傳承與推廣的研究」列入北京市哲學社會科學「十一五」規劃項目，給予規範指導和經費支援，保障了課題研究工作的開展。在孫德明老師手把手地悉心傳授，課題組成員齊心協力，艱苦奮鬥，經過3年的努力，完成了課題規定的任務，形成了兩項主要成果：一是關於挖掘、傳承楊式太極拳的研究報告（由趙樹楓主持撰寫）；二是《楊式太極拳大架·中架·小架系列解析》專著及光碟（由齊一、楊瑞、馬京鋼、李貴臣、張振江、齊犁分工編寫）。共同爲挖掘、傳承楊式太極拳這一北京市優秀非物質文化遺產盡了一份力量。

本書在記錄、整理、編寫、校對、拍攝影像資料的過程中，得到太極拳界的專家、許多拳友的大力支援和幫

助，提出過許多寶貴建議與意見。永泉太極研究會會長、汪永泉先師之子汪仲明先生，永泉太極研究會秘書長蕭維佳先生，北京市武術研究院院長吳彬先生，熱心爲本書作序。拳友楊福泰、李永林、呂淑珍、郭連增、徐明等貢獻了他們修煉的體會；劉五魁先生、段治鈞先生參加了修改、勘校工作；參與校對的有陳立欣女士，參加攝影的有張中承、黃美榮、劉小燕、芮春玲。還有一些拳友積極參與交流、研討，對本書的編寫工作給予了很大幫助。劉在強先生擔當了光碟的攝製工作。

人民體育出版社領導的積極支持和編輯李彩玲女士的熱心協助，精心修改，使本書得以順利出版。在此，謹向所有參與和支持此項工作的人們表達深深的謝意。

專著《楊式太極拳大架・中架・小架系列解析》共四分冊，即大架與養生、中架與內功、小架與技擊、推手與技擊用法。其中推手與技擊用法分冊仍在討論修改中，因時間關係未能同時出版。

經過此次研究、編寫的實踐，使我們更加體會到，太極拳源遠流長，博大精深，對傳統太極拳的挖掘、整理是一項緊迫而艱巨的大工程，需要全社會的共同努力。我們所做的工作，不過是冰山一角，而且有許多問題我們還沒有弄清楚。我們熱切地希望，廣大讀者、太極拳愛好者和各方面專家指出本書中的錯誤和不足，我們將繼續研究下去，與大家一起努力，使這一中華民族的寶貴遺產進一步發揚光大，造福國人和世界。

編寫組

主要參考文獻

1. 若言・恣肆汪洋 滴水藏海〔J〕・中華武術，2009（8）：60

2. 王宗岳，等・太極拳譜（清〔M〕・北京：人民體育出版社，1991

3. 汪永泉講授，魏樹人，齊一整理・楊式太極拳述真〔M〕・北京：人民體育出版社，1990

4. 太極拳全書〔M〕・北京：人民體育出版社，1988

5. 北京體育院校教材編審委員會武術編選小組・武術〔M〕・北京：人民體育出版社，1961

6. 青山，石恒・楊式太極拳：發勁、運氣、練勢〔M〕・北京：北京體育大學出版社，2005

7. 李和生・內功解秘：楊式太極拳老六路〔M〕・北京：經濟管理出版社，2005

8. 張肇平，杜飛虎・論太極拳〔M〕・北京：北京體育大學出版社，2002

9. 陳炎林・太極拳刀、劍、杆、散手合編〔M〕・上海：上海書局，1988

10. 祝大彤，薛秀英・太極內功解秘〔M〕・北京：人民體育出版社，2004

11. 顧留馨・楊式太極拳架與推手〔M〕・上海：上海教育出版社，2005

12. 蘇耘・楊式太極拳、劍、推手入門〔M〕・北京：北京體育大學出版社，1999

13. 黃明山・楊式太極拳傳統套路黃氏教學法〔M〕・北京：北京體育大學出版社，2004

14. 馬禮堂・養氣功健身法〔M〕・北京：人民體育出版社，1985

15. 魏樹人・楊健侯秘傳太極拳內功述真〔M〕・北京：人民體育出版社，1999

16. 解守德・太極內功心法〔M〕・北京：人民體育出版社，2006

17 劉碩，周榮・家庭養生太極拳入門〔M〕・北京：學苑出版社

18 吳圖南傳授，于志均編著・楊式太極拳——小架及其技擊應用〔M〕・北京：北京體育大學出版社，2003

19 李秉慈，翁福麒・吳式太極拳拳械述真〔M〕・北京：北京體育大學出版社，2000

20. 沈壽・太極拳推手問答〔M〕・北京：人民體育出版社，1986

21. 吳清忠・人體使用手冊〔M〕・廣州：花城出版社，2006

22. 漆浩・實用太極拳防治百病手冊〔M〕・北京：人民體育出版社，2003

23. 中華人民共和國體育運動委員會運動司・太極拳運動〔M〕・北京：人民體育出版社，1962

24. 張義敬，張宏・太極拳理傳真〔M〕・重慶：重慶出版社，2004

25. 尹振環・帛書老子釋析〔M〕・貴陽：貴州人民出版社，1998

26. 何宗思・莊子洗心〔M〕・雲南：雲南人民出版社，2006

27. 劉長修・養生太極〔M〕・吉林：吉林科學技術出版社，2005

28. 吳自立・陳式太極拳拳法與經脈運行〔M〕・南昌：江西科學技術出版社，2003

29. 劉新・開脈太極〔M〕北京：人民體育出版社，2006

30. 關永年・太極內功養生術〔M〕・北京：人民體育出版社，2005

31. 王新午・太極拳闡宗〔M〕・太原：山西科學技術出版社，2006

31. 正坤・黃帝內經〔M〕・北京：中國文史出版社，2003

33. 王志遠・楊式太極拳詮釋〔M〕・北京：人民體育出版社，2007

34.卓遠・道教養生秘笈〔M〕・北京：中國環境科學出版社，學苑音像出版社，2006

35. 劉長林・中國象科學觀〔M〕・北京：社會科學文獻出版社，2008

36. 任繼愈・老子繹讀〔M〕・北京：北京圖書館出版社，2006

太極武術教學光碟

太極功夫扇
五十二式太極扇
演示：李德印 等
(2VCD)中國

夕陽美太極功夫扇
五十六式太極扇
演示：李德印 等
(2VCD)中國

陳氏太極拳及其技擊法
演示：馬虹(10VCD)中國
陳氏太極拳勁道釋秘
拆拳講勁
演示：馬虹(8DVD)中國
推手技巧及功力訓練
演示：馬虹(4VCD)中國

陳氏太極拳新架一路
演示：陳正雷(1DVD)中國
陳氏太極拳新架二路
演示：陳正雷(1DVD)中國
陳氏太極拳老架一路
演示：陳正雷(1DVD)中國
陳氏太極拳老架二路
演示：陳正雷(1DVD)中國
陳氏太極推手
演示：陳正雷(1DVD)中國
陳氏太極單刀・雙刀
演示：陳正雷(1DVD)中國

楊氏太極拳
演示：楊振鐸
(6VCD)中國

本公司還有其他武術光碟
歡迎來電詢問或至網站查詢
電話：02-28236031
網址：www.dah-jaan.com.tw

原版教學光碟